U0100560

大展好書 好書大展

大展好書 好書大展

易學智慧 3

劉綱紀
范明華／著

易學與美學

大展出版社有限公司

序

任繼愈

《易經》這部書幽微而昭著，繁富而簡明。五千年間，易學思想有形無形地影響著中華民族的社會生活、政治生活以及人生哲學。

《周易》經傳符號單純（只有陰陽兩個符號），文字簡約（約兩萬四千餘字），給後代詮釋者留出馳騁才學的廣闊天地。迄今解易之書逾數千家。近年已有電子傳播媒體，今後闡釋易學的各種著作勢將更爲豐富。

歷代有眞知灼見的易學研究者，從各個方面反映各時代、各階層的重大問題。前人研究易學的成果豐富了中華民族的文化寶庫。研究易學，古人有古人的重點，今人有今人的重點。今天中國人的使命是加速現代化的步伐，光輝二十一世紀。

易學，作爲中華民族文化遺產，也要爲文化現代化而做貢獻。當代新易學的任務之一是擺脫神學迷信。易學雖起源於神學迷信，其出路卻在於擺脫神學迷信。凡是有生命的文化，都植根於現實生活之中，不能游離於社會之外。大到社會治亂，小到個人吉凶，都想探尋個究竟。人在世上，是聽命於神，還是求助於人，爭論了幾千年，這兩條道路都有支持者。

哲學家見到《易經》，從中悟出彌綸天地的大道理；德國萊布尼茲見到《易經》，從中啓悟出數學二進制的前景；嚴君平學《易經》，構建玄學易學的體系；江湖術士不乏「張鐵口」、「王半仙」之流，假易學之名，蠱惑愚衆，欺世騙財。易學研究走什麼道路，是易學研究者普遍關心的大事，每一位嚴肅的易學研究者負有學術導向的責任。

本叢書的撰著者多是我國近二十年來湧現的中青年易學專家。他們有系統的現代科學訓練的基礎，有較深厚的傳統文化素養，有嚴肅認眞的學風，易學造詣各有專攻。這部叢書集結問世，必將有益於世道人心，有助於易學健康開展，爲初學者提供入門津梁，爲高深造詣者申一得之見以供參考。

這套叢書的主旨，借用王充《論衡》的話——「疾虛妄」。《論衡》作於二千年前。然而，舊迷霧被清除，新迷霧又瀰漫，「疾虛妄」的任務遠未完成。如果多數群衆尚在愚昧迷信中不能擺脫，我們建設現代化國家的精神文明就無從談起。我們的任務艱巨而光榮。

本叢書的不足之處，希望與讀者同切磋，共同提升。

目錄

序……三
緒論……二九
《周易》對中國美學的影響……三〇
《周易》及卦象對中國藝術的影響……三五
第一章 易學中的美學原理……四五
易學美學的主導思想……四五
＊天地變化，聖人效之 ＊天地之大德曰生
＊一陰一陽之謂道
易學美學的基本範疇……六八

第二章　卦象的構成與形式美法則……一二九
＊美　＊陽剛與陰柔　＊變化、神　＊交、感
＊文　＊象與意　＊數　＊中、和
卦象的構成……一三〇
＊單個卦的結構　＊六十四卦的結構
卦象構成的形式美法則……一四〇
＊形式美的特徵　＊卦象的形式美　＊對稱　＊照應
＊反覆　＊節奏　＊簡化　＊適宜
＊多樣統一
第三章　易學美學原理及形式美法則的應用……一七五
工藝……一七七
＊從觀象到製器
＊工藝造型、裝飾的造象原則

＊圖案紋樣設計的形式美法則
建築……………………二〇〇
＊《周易》與中國建築的特徵　＊建築與環境的協調統一
＊建築設計中的對稱、節奏之美
書法……………………二二三
＊卦象、文字、書法　＊書法與生命的關係
＊用筆、結體、章法中的易理
繪畫……………………二五八
＊繪畫與卦象的異同　＊從《周易》看繪畫的本質
＊繪畫的構圖和空間創造　＊用筆、用墨、設色中的易理
＊中國繪畫的象徵意義
文學……………………二九八
＊「文」和文學的形式美　＊言、象、意的關係
＊「風骨」與「陽剛之美」
音樂……………………三三五

＊音樂的本質和功能的易學闡釋
＊律呂與陰陽、象數的關係
舞蹈……三五七
＊舞蹈的起源及舞與巫的關係
＊舞蹈形象與舞蹈的形式美
後記……三七七

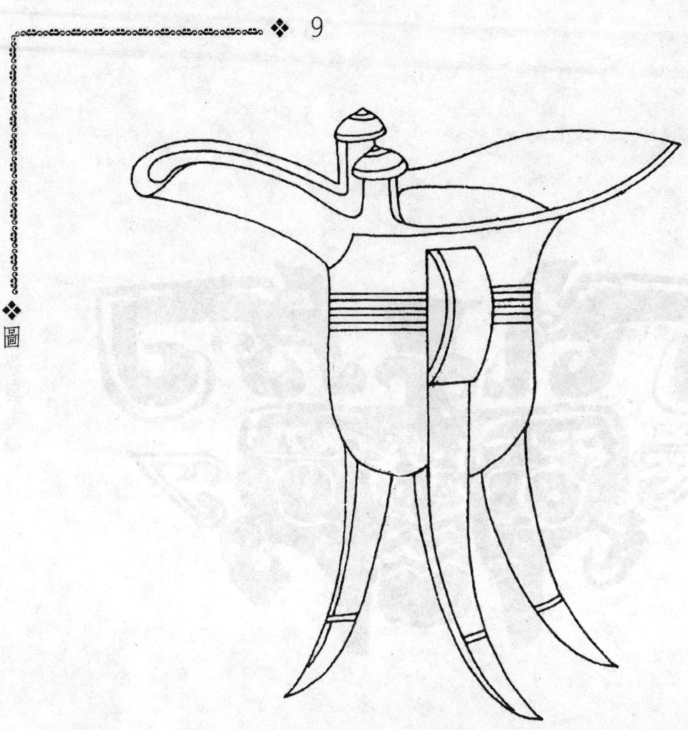

圖一　商周酒器——爵的造型

（取自戴震《考工記圖》）

圖二　商周青銅器重環紋

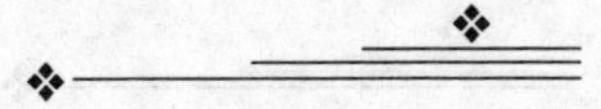

圖三　商周青銅器饕餮紋

圖四　戰國半瓦當雙獸樹紋

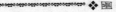

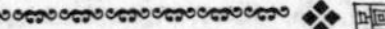

圖

圖五　戰國漆奩狩獵紋

（取自中央工藝美術學院集體編著）

《中國工藝美術簡史》

圖六　戰國銅鏡上的舞蹈形象

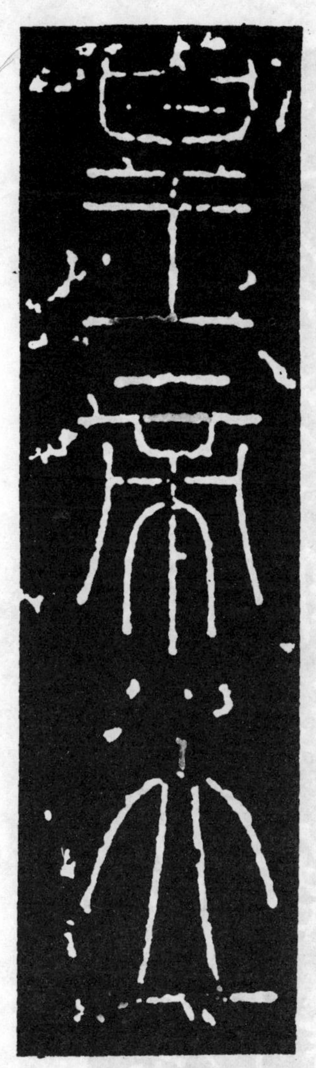

圖七　秦《峰山碑》（左）

三國·吳《天發神讖碑》（右）

圖八　唐柳公權《玄秘塔碑》

圖九　唐顏真卿《多寶塔碑》

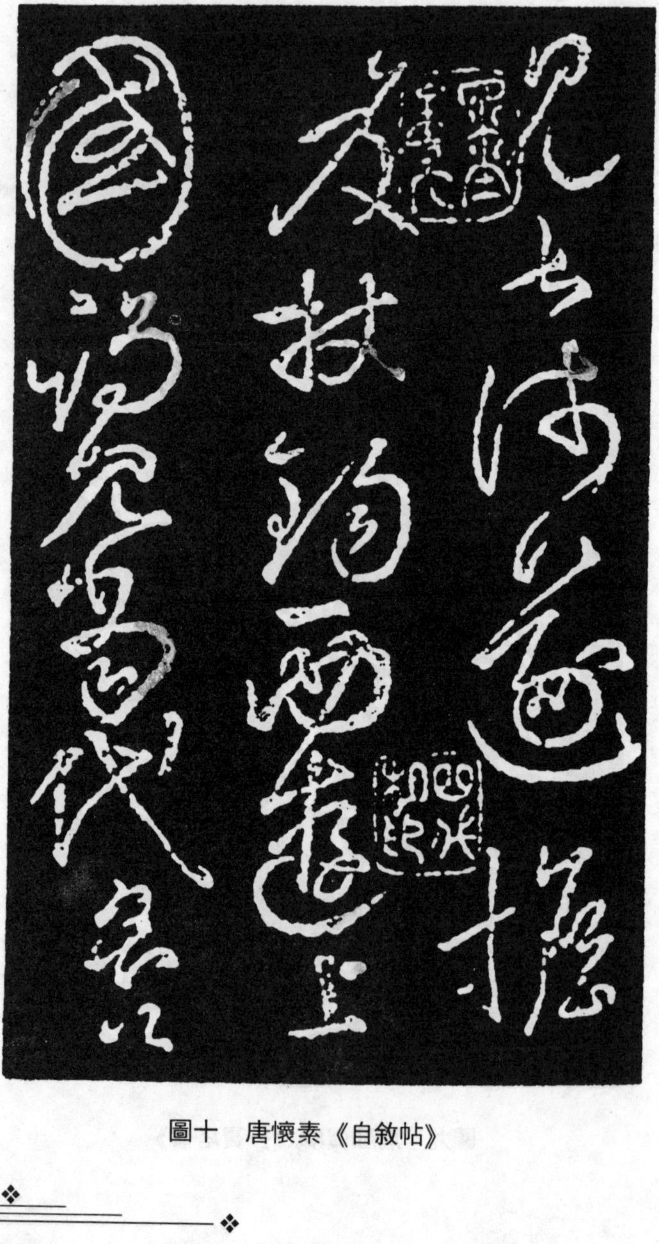

圖十　唐懷素《自敘帖》

圖十一　唐鎏金銀盤龍頭魚身紋

(取自《中國工藝美術簡中》

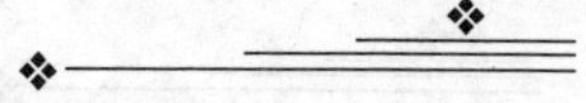

圖十二　唐卷草圖案

(取自田自秉《工藝美術概念》

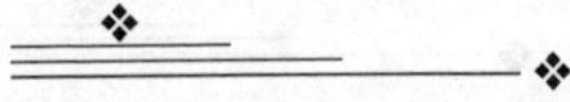

圖十三　唐銅鏡串枝花紋

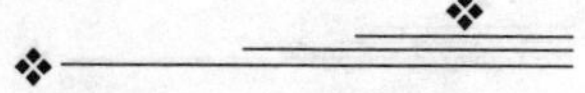

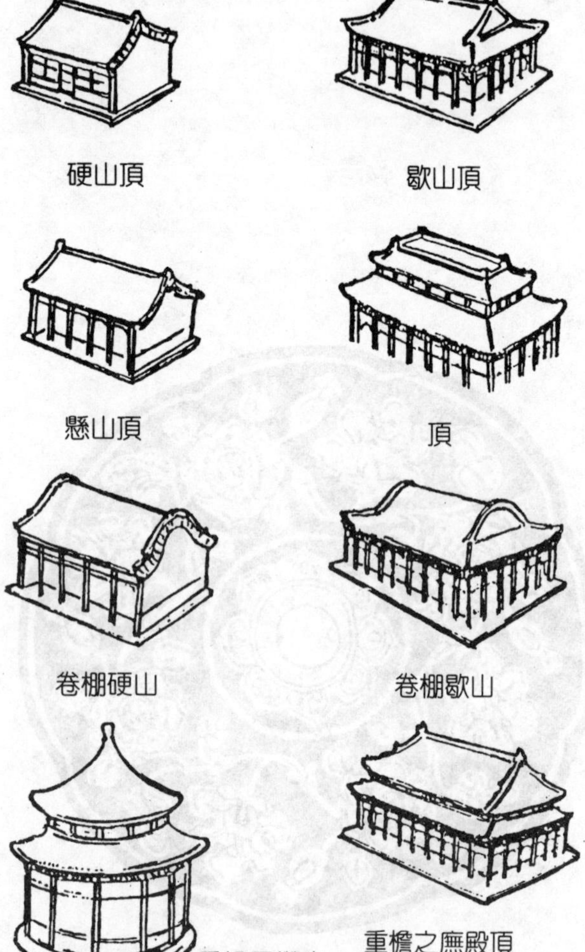

圖十四　古代建築屋頂型式

（取自劉策《中國古代苑囿》）

套方式 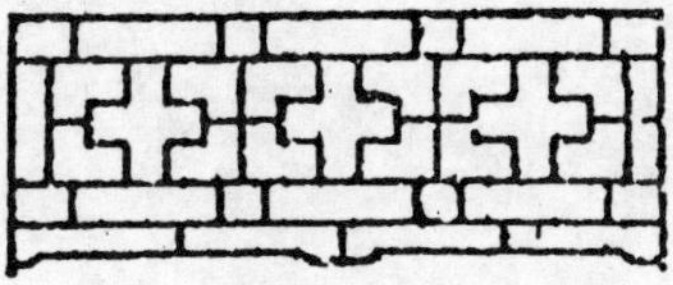　　筆管變式

三方式 　　條環式

葵花式 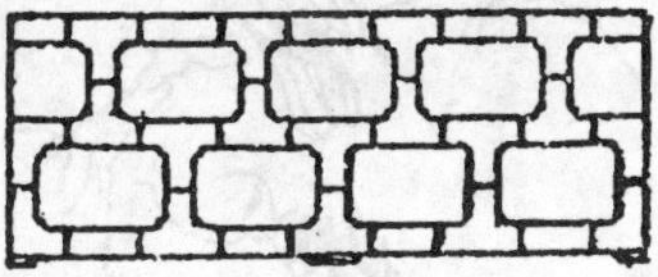　　橫環式

圖十五　明欄杆型式

（取自計成《園冶》

圖十六　清八大山人的花鳥畫（線圖）

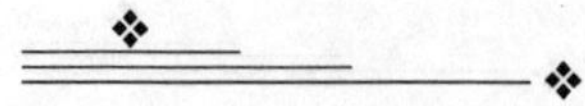

圖十七　楷書筆畫書寫舉隅

(取自馮武《書法正傳》

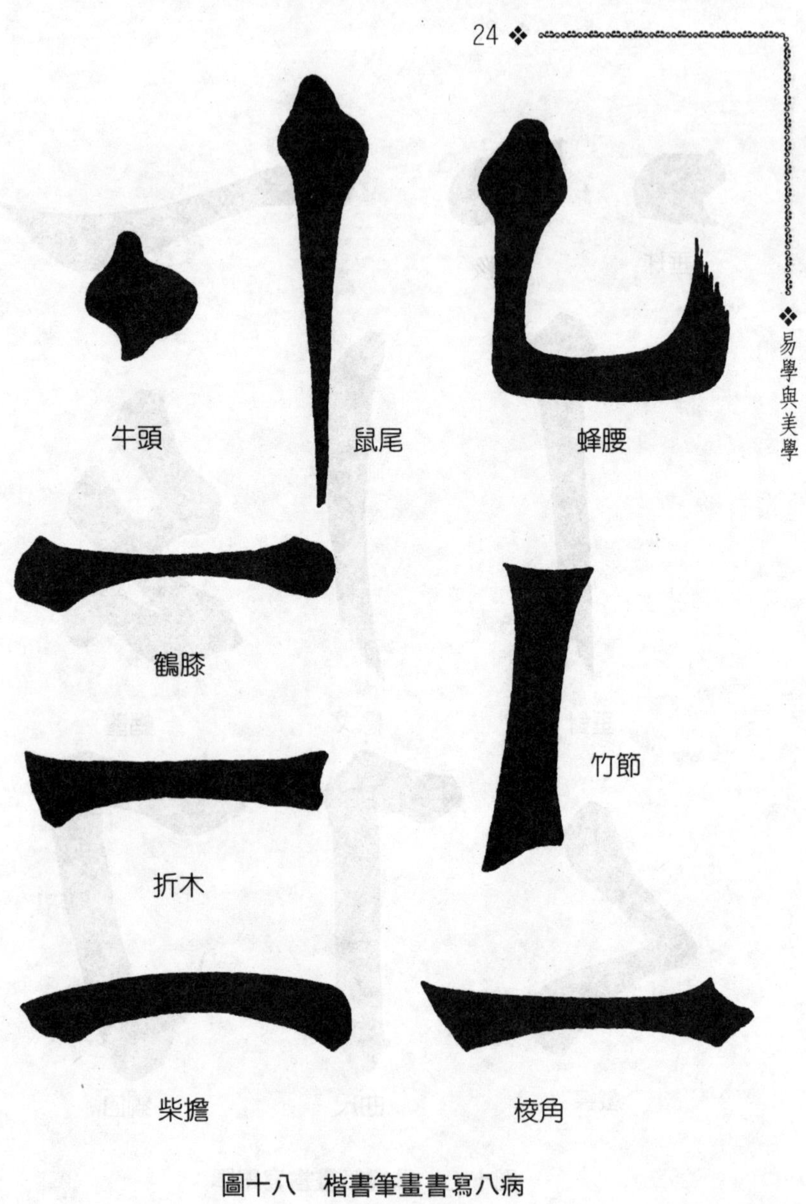

圖十八　楷書筆畫書寫八病

（取自《書法正傳》）

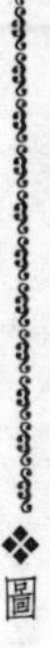

圖十九　馬登：《無題》

（取自 H. H. 阿納森）

《現代西方藝術史》

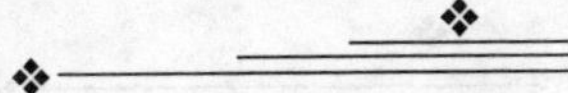

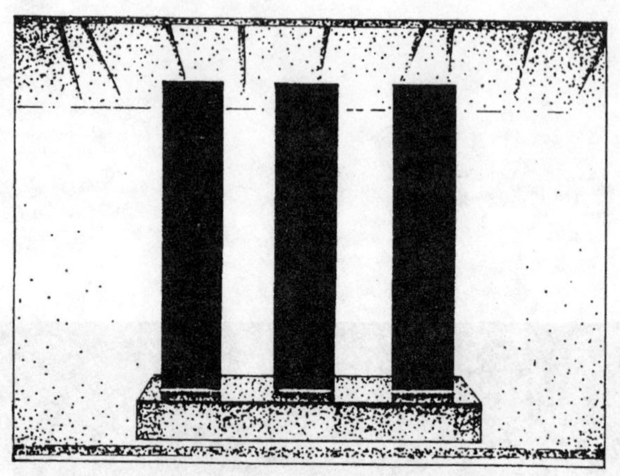

圖二十　特恩布爾：《3×1，第二稿本》

（取自《西方現代藝術史》）

圖二十一　羅伯特‧莫里斯：《無題》

（取自《西方現代藝術史》）

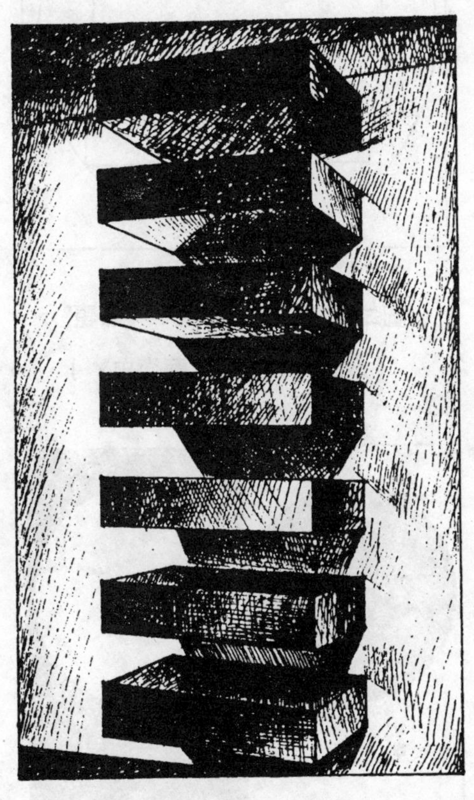

圖二十二　唐納德·賈德：《無題》

（取自《西方現代藝術中》）

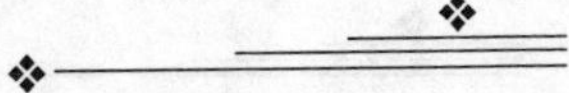

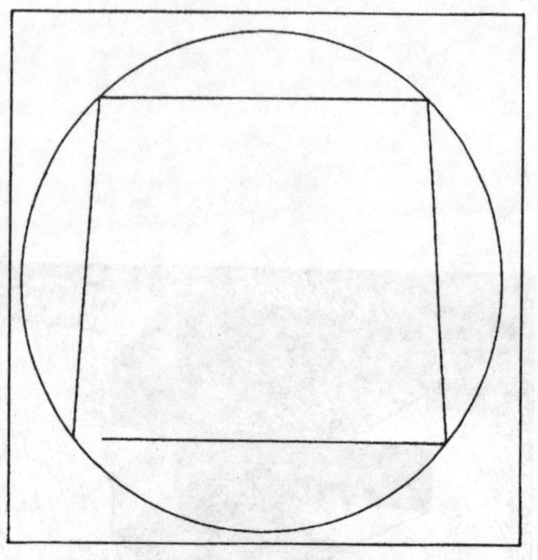

圖二十三　曼戈爾德：《無題》

（取自《西方現代藝術史》）

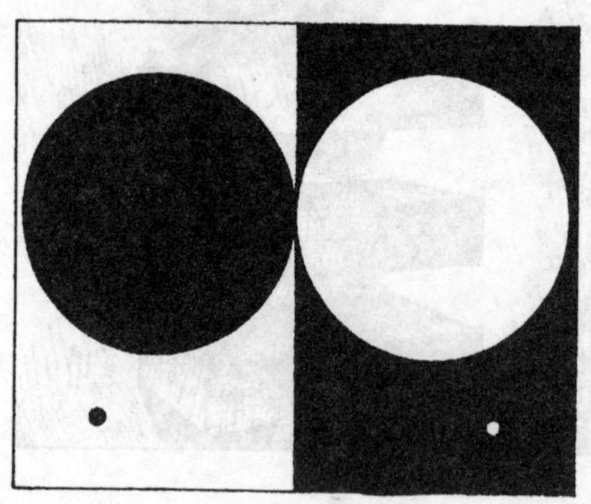

圖二十四　利伯曼：《雙連畫——一個樣》

（取自《西方現代藝術史》

緒論

《周易》本是一部用於占筮，同時又包含著博大、深邃、豐富的思想的文化典籍。它的內容由「經」（《易經》）、「傳」（《易傳》）兩個部分組成。「經」是周代筮官或接近於筮官的人所整理、編纂的筮辭，包括六十四卦及六十四卦的卦、爻辭；「傳」是對「經」的解釋和引申，大約成書於戰國末或秦漢之際，包括《彖辭》、《象辭》、《文言》、《繫辭》、《說卦》、《序卦》和《雜卦》諸篇。

「經」和「傳」均非出自一人之手，而且成書年代也不一樣，因此，二者之間在思想上是不盡一致的。但是，無論「經」還是「傳」，其根本的出發點都是以天人相通、一致的大前提為依據，透過天地萬物的變化去說明、解釋、預測社會人事的變遷，以謀求國家的安定繁榮和人生的幸福吉利。因此，二者雖有許多不一致的地方，但如果將它們截然分開甚至對立起來看待，又是不恰當的。

「傳」的思想儘管超出了「經」的範圍，但若沒有「傳」的解釋和引申，「經」也不可能具有「彌綸天地之道」的重大理論價值。而且從其影響上看，「傳」的影響要大於「經」的影響。

我們將要在下面分析的那些對後世美學研究及藝術創作產生了深遠影響的命題和範疇，就大都是在「傳」文中提出來的。從美學上看，《周易》的美學思想主要包括在《易傳》之中。

《周易》對中國美學的影響

《周易》的「經」是用於占筮的，「傳」的基本思想則是主要站在儒家的立場上，並以「經」為依據，對自然、社會人類的歷史發展，所作出的一種總體性的概括和說明。二者都不是專講美學或藝術的，但是，它們卻對中國古代美學研究和藝術創作產生了深遠、持久的影響。《周易》的卦象被認為同中國的書法、繪畫及工藝的造型、文學、音樂、舞蹈等形象有著直接的或相似的關係，而它的一些基本命題和範疇則被各門藝術理論所徵引和解釋，並成為從美學上解釋各種藝術現象的理論依據。甚至它的個別言辭，也因其形象性而對藝術家的創作產生了影響，成為激發創作靈感的一個重要源泉。

如後漢文學家王逸《楚辭章句序》中所說的「夫《離騷》之文，依托五經以立義焉。……『夕攬洲之宿莽』，則《易》『潛龍勿用』也。『駟玉虬而乘鷖』，則『時乘六龍以御天』也」。即認為屈原《離騷》中的「夕攬洲之宿莽」、「駟玉虬而乘鷖」這兩句詩是從《周易》乾卦初九爻辭「潛龍勿用」和《彖辭上傳》「時乘六龍以御天」這兩句話借用、轉換出來的。

但《周易》對中國古代美學的影響，主要不在於一些個別的言辭。從理論上看，這種影響主要表現在以下三個方面，即：

第一，《周易》積極地肯定了人與自然的統一，並進而系統地探討了天地萬物的生長變化及人的生命健康正常發展問題。而這樣一個問題，同中國美學史上對美的本質和藝術的本質的解釋，有著十分密切的關係。

《周易》從表面上來看好像是在講自然界天地萬物的生長變化，但所有這一切變化最終又都是同人事相關，甚至相應的。因此，《周易》的用意不在自然而在人事，其根本的出發點實質上是人的生命的健康正常發展問題。甚至它對天地萬物的看法，也是從人的生命的健康正常發展提出來的。

《周易》不僅十分重視「生」的問題，而且對「生」給予熱情洋溢的贊美。「天地交，萬物化生」，「天地絪縕，萬物化醇，男女構精，萬物化生」，「天地之大德曰生」，「生生之謂易」，整個宇宙在《周易》看來，即是一個處在變化發展和協調統一之中的生命整體。變化發展是生命的本質，而協調統一則是生命得以順利發展的保障。人世間的一切幸福和美好的事物，都是建立在這種不斷的變化發展與協調統一的基礎上。

在中國美學史上，美的問題同生命的問題是密切相關的。從生命的觀點看，美即是生命的發展與創造的肯定或表現，沒有生命也就沒有美。而生命的健康正常發展，又離不開自然界的存在和發展及生命與自然的協調統一，離不開個體自然生命自身的協調統一及個體生命與群體發展的協調統一。這種協調統一，即是《周易》所講的「大和」。而「大和」即是美，而且是使生命得以健康正常發展，使自然與社會、個體與群體協調一致的、最完滿、最理想的美。反過來說，這種美的產生是以自然生命的變化、發展為前提的，更準確地說，是以自然生命的健康正常發展為前提的。

從自然生命的健康正常發展來看美，進而強調美同自然生命的內在聯繫，這可以說是中國美學、特別是儒家美學的一個根本看法。而這個看法的最系統的哲學論證，正是由《周易》提供的。

因為《周易》的總的看法，可以說就是通過對天地萬物變化、發展規律的分析，去尋求人類生命健康正常發展的最佳途徑。

第二，《周易》認為，天地萬物的生長變化及生命的健康正常發展，其根本的保障是「保合大和」（《彖辭上傳》）。而所謂「大和」，並不是一種處在靜止狀態中的協調統一，而是一種處在不斷的運動、生長和發展中的協調統一。沒有運動、生長和發展，也就沒有天地萬物和人的生命，沒有天地萬物和人的生命的協調統一以及建立在這種協調統一基礎上的美。而運動、生長和發展的根本動力，據《周易》看來，即是陰陽兩種彼此對立的力量的相互作用。

因此，《周易》所講的「大和」或「大和」之美，決不只是西方美學史上所說的「多樣統一」，而更主要的是指陰陽以及由此派生出來的剛柔、方圓、動靜、開合、順逆、進退等對立面的協調統一。

換句話說，「大和」之美不只是靜態的美，而且也是動態的美，不只是結構的美，而且也是力量的美。它既處在宇宙生命的協調統一之中，同時也處在宇宙生命的變化發展之中。因為《周易》是從協調統一的角度去看待變化統一的。而無論變化發展還是協調統一，都離不開陰陽以及由此派生出來的各種對立面的相互作用。

如果說「大和」即是美，即是宇宙生命健康正常發展的根本保障的話，那麼，陰陽以及由此派生出來的各種對立面的相互作用則是「大和」的內在依據。換句話說，沒有陰陽、剛柔等等的相互作用，也就沒有宇宙生命的變化發展和協調統一，也就沒有「大和」和「大和」之美。

這個看法，在中國美學史上同樣也可以說產生了根本性的影響。因為中國美學、特別是儒家美學，歷來把「和」作為一個重要的範疇，去說明和解釋各種藝術現象，並且特別重視藝術對結構、關係及運動、氣勢、力量、節奏等的表現。而無論結構、關係還是運動、氣勢、力量和節奏，均離不開陰陽、方圓、動靜、開合、順逆、進退以及與之相關的各種對立要素——如虛實、奇正、曲直、輕重、遲速等的相互作用。只有從這些對立要素的相互作用出發，才能真正了解藝術中對結構、關係、運動、氣勢、力量、節奏等的表現以及美學上所說的「和」

的意義。

第三，《周易》不僅闡述了宇宙生命的發展及其內在的規律性問題，而且還提出或闡明了一系列具有重要美學意義的範疇。除了以上提到的「大和」、「陰陽」、「剛柔」等範疇之外，它還進一步提出或闡明了「神」、「感」、「文」、「象」、「意」等範疇。這些範疇後來都被引進和運用於具體的美學研究，成了美學研究中普遍通用的基本範疇，並且直接牽涉到美學上對藝術的發生、本質及藝術活動性質的解釋。

《周易》及卦象對中國藝術的影響

《周易》不僅對中國古代的美學理論產生了影響，而且也對中國古代的藝術實踐產生了影響。

從思想上看，《周易》對藝術的影響首先是觀念上的影響。這種影響是多方面的，但最主要的有以下兩個方面：

第一，是對生命之美的高度重視。

中國藝術既非單純的再現，也非單純的表現，既非西方自文藝復興到十九世紀中期多數藝術家，所追求的那種以客觀的觀察和科學的理性為基礎的、對外部事物的如實再現，也非西方十九世紀中期以後至本世紀上半葉，多數藝術家所要求的那種帶有非理性或反理性傾向的、對內心情感乃至無意識的本能的表現。中國藝術家在談到藝術創作時，從來不否定藝術的客觀來源，也從來不排除主觀情感的表現。但是，中國藝術家既反對純客觀的、精確的再現，也反對單憑情感乃至本能的衝動去從事藝術創作。

在中國藝術家看來，情與物、人與自然是不能分開的。因此，中國藝術家所強調的既非單純的物，也非單純的情，而是建立在情與物相互交融、人與自然協調統一基礎上的、天地萬物及人類旺盛的生命力的表現。

第二是對辯證法則的自覺運用。

在中國先秦時代的哲學中，最富於辯證思想的，一個是老、莊哲學，另一個就是《周易》哲學。從積極的意義上說，《周易》的深刻性雖不如老、莊，但其影響卻比老、莊要大。中國古代藝術創作中所運用的各種辯證法則，從根本上來說主要是以《周易》的陰陽、剛柔等對立面的統一的思想為依據的，並且同美學上對「和」的追求及健全的生命力的表現分不開。

從這個意義上說，中國藝術的獨特面貌是由它的藝術觀念和創作方法決定的。而中國藝術的觀念和方法，都不是以實證科學為基礎，而是以哲學為基礎。在這方面，中國藝術同西方藝術，特別是近代西方藝術有著很大的差別。

西方藝術，特別是近代藝術同實證科學之間有著十分密切的關係，譬如繪畫上對空間、形體、色彩等問題的解決，通常是以實證科學（如幾何學、光學等）為參照的，而中國繪畫對這些問題的解決，則是以哲學的方式，經由對遠近、大小、高低、虛實、疏密、主次、深淺、濃淡等等關係的辯證處理去完成的。因此，如果說西方藝術更具有科學精神的話，那麼中國藝術則更具有哲學色彩。這種哲學色彩，同《周易》關於宇宙生命變化、發展的辯證思考，有著直接的，甚至可以說是根深蒂固的聯繫。

除了思想觀念方面的影響之外，《周易》的卦象也對中國古代的藝術產生了影響。

卦象之所以能對中國古代的藝術產生影響，其原因在於它與藝術形象之間具有某些相似或相通之處。卦象雖然不是藝術形象，但是，它卻像藝術形象一樣來自自然。

《繫辭下傳》說：「古者包犧氏之王天下也，仰則觀象於天，俯則觀法於地，觀鳥獸之文與地之宜，近取諸身，遠取諸物，於是始作八卦。」這個過程同藝術形象的創造過程是相似的，譬如書法藝術形象的創造過程，就同卦象的創造過程很相似。

唐文學家、哲學家韓愈《送高閑上人序》中說，張旭善書，「觀於物，見山水崖谷，鳥獸蟲魚，草木之花實，日月列星，風雨水火，雷霆霹靂，歌舞戰鬥，天地事物之變，可喜可愕，一寓於書，故旭之書，變動猶鬼神，不可端倪。」這個過程和卦象的創造過程不完全一樣，但基本的道理卻是一致的。

其次，卦象也像藝術形象一樣，具有可以訴諸知覺的感性特徵。因為卦象雖然是為了顯示抽象的哲理，但它本身的構成卻是具體可感的，這正是一切藝術形象所共有的特徵。

再者，卦象是人的創造物，同時又具有合乎規律的形式結構。藝術形象也是如此，雖然它要比卦象複雜，但其構成卻離不開那些最普遍的形式法則或規律。而中國藝術中所運用的形式法則或規律，同卦象構成中所體現出來的陰陽交錯、協調變化等基本規律，在根本上是一致的。

正因為卦象與藝術形象具有某些相似或相通之處，因此自《周易》之後，古代的美學家和藝術家往往把藝術同卦象聯繫起來，甚至認為書法、繪畫、音樂、舞蹈這些藝術，都是直接肇始於卦象的。

這個看法從現在來看是不正確的，因為藝術形象並不是卦象的簡單模仿或移植。但是，這個在古代幾乎可以說是十分流行的看法也有其合理的地方，即肯定了藝術形象同卦象的密切聯繫及卦象對藝術創作的重要影響。

具體說來，這種影響主要表現在以下兩個方面：

第一，卦象的創造是透過對天地萬物的觀察而來的。《繫辭下傳》說：「象者也，像也。」卦象可以說是對天地萬物即自然的一種模擬。但《說卦傳》中又說：「觀變於陰陽而立卦，發揮於剛柔而生爻。」所以卦象所模擬的並不是自然的外貌和具體細節，而是自然的內在結構和變化、發展規律。由陰爻和陽爻構成的卦象，雖然常常被解釋為與某些具體物象相關，但又不限於任何一種具體物象，而被看作是陰陽、剛柔相互作用的普遍規律的顯示。南宋理學家朱熹《周易本義》中說：「易卦之形，理之似也。」即認為卦象所模擬的是「理」，而

「理」也就是最普遍的規律。《周易》的六十四卦的卦象，可以說是一個模擬自然的內在結構和變化、發展規律的符號系統。

《周易》的這種符號模擬法具有高度概括的或如《繫辭上傳》所說的「簡易」的特徵。而要達到「概括」或「簡易」，必須捨去許多具體的細節，抓住所模擬的事物的基本結構和規律。

這種符號模擬法或認識事物的方法，無疑對中國藝術產生了深刻的影響。中國藝術家一般都主張師法自然，把自然作為創作的最終源泉，但中國藝術家所再現的自然，卻從來不侷限在對客觀對象的視、聽知覺經驗的實錄，不注重於對自然的形、貌、聲、色的逼真描繪，而是力求將隱含在形、貌、聲、色之中的氣、道、理、神、情之類內在的或本質的東西生動地呈現出來。

儘管在中國藝術史上也不乏刻畫精細的作品，但這種「精細」實際上仍是為了表現內在的、本質的東西，單純現象上的精細經常被認為是藝術水準不高的表現。因此，就再現外部事物這方面來說，中國古代的藝術家同西方藝術家（特別是近代藝術家）也有很大的差別。

譬如中國繪畫，儘管自始至終都沒有離開過師法自然這個總原則，但無論在哪一個時期，都沒有出現過西方繪畫——如十七世紀荷蘭畫派或十九世紀寫實主義中那種高度寫實的作品。法國藝術批評家丹納在談到倫勃朗的創作時說：

> 他「從來不迴避肉體的醜惡與殘廢：他畫出高利貸者和猶太人，肥胖的臉上布滿肉襇；叫化子和流浪漢傴著背，拐著腿；裸體的廚娘，衰老的皮肉留著胸褡的痕跡；他還畫出向內彎曲的膝蓋，鬆軟的肚子，醫院裡的人物，舊貨鋪裡的破布……還有波提乏的女人誘惑約瑟，從床上跳下，使觀眾懂得約瑟逃跑的場面；總之不管現實如何難堪，倫勃朗以大膽的和痛苦的心情把現實全部抓在手裡」。①

這種注重客觀逼真的描繪而「把現實全部抓在手裡」的作品，在中國繪畫史上可以說是沒有的。再譬如小說中的人物描寫，中西藝術家的差別同樣非常明顯。西方藝術家的描寫方式有時精細到像「解剖昆蟲一般」（傅雷語），如巴爾

①丹納：《藝術哲學》，人民文學出版社，一九六三年版，第三八七頁。

扎克對葛朗臺的一段描寫：

他身高五尺，臃腫，橫闊，腿肚子的周圍有一尺，多節的膝蓋骨，寬大的肩膀；臉是圓的、烏油油的，有痘斑；下巴筆直，嘴唇沒有一點兒曲線，牙齒雪白……鼻尖肥大，頂著一顆布滿著血筋的肉瘤。

這樣一種描寫，在中國古代小說中也是沒有的。相比之下，中國古代小說中的人物描寫往往非常概括而近乎白描，甚至還略帶一點誇張，如《水滸》中對李逵的描寫即是這麼幾句簡單的話：

黑熊般一身粗肉，鐵牛似遍體頑皮。交加一字赤黃眉，雙眼赤絲亂繫。怒髮渾如鐵刷，猙獰如似狻猊。天蓬惡殺下雲梯。

中國藝術歷來重視「寫意」和「神似」，重視暗示和含蓄，因此，表現在形式上，往往也就具有「簡」、「易」的特徵。雖筆墨無多，卻是意味深長。這種再現外物的方式，同《周易》以卦象模擬自然規律的方式，可以說是非常相近的。

第二，卦象作為對自然的內在結構和變化、發展規律的模擬，具有嚴格的形式結構，表現出平衡對稱和節奏韻律的美感。從八卦到六十四卦，都是根據陰陽相互作用的方式構成的，六十四卦的每一卦或各卦之間基本上體現了陰陽互相作用的關係，並構成一個有節奏的序列。而平衡對稱和節奏韻律變化的表現，乃是藝術中構成形式美的基本法則。

此外，《周易》中還反覆談到「應」、「得位」（「當位」）之類具有吉利意義的關係，並具體表現在卦象上。「應」和「得位」（「當位」）抽象地看，同形式美法則中的「照應」、「適宜」相近。

又三國時吳人王弼《周易略例》中說：「一卦五陽一陰，則一陰為之主矣。五陰而一陽，則一陽為之主矣」，這種表現於卦象中的主次關係（或主客關係），同形式美法則中的「多樣統一」也是相通的。

中國古代藝術歷來重視結構和節奏韻律的美，既強調各種對立要素的協調統一，流通照應，同時又強調經由有節奏的變化來表現事物的力量、氣勢和生命。

在形式上，同卦象的構成，也就具有明顯的類似、相通之處。

第一章 易學中的美學原理

《周易》中有不少關於美和藝術的言辭，但是僅僅拘泥於這些言辭，很難對它在中國美學和藝術上的價值作出全面的分析。從歷史上來看，《周易》中最有價值的，恰恰不是那些直接談到美和藝術的言辭，而是那些具有美學意義、直接或間接地對中國美學和藝術產生了影響的範疇和命題。

這些範疇和命題統一在《周易》的整個世界觀的基礎上，但如果把它們從充滿巫術色彩的氛圍中抽取出來，單從美學上去加以考察，則它們本身即可以說構成了一個相當完備、且具有獨特價值的美學思想體系。

易學美學的主導思想

從理論上看，《周易》對中國美學和藝術創作影響最深遠、最持久的是以下三個方面的思想，即：「天人合一」或人與自然相統一的思想；以「天人合一」為前提、以天地人事的順利發展為宗旨的生命哲學思想；整個世界在陰陽兩種力量互相作用下不斷變化、發展的辯證思想。

「天地變化，聖人效之」

《周易》的全部思想都是建立在「天人合一」這樣一個大前提上的。

從歷史上來看，「天人合一」觀念的產生同巫術有著非常密切的關係。因為巫術的思想基礎乃是一種「萬物有靈論」，即認為自然界的各種事物也像人一樣有「靈魂」。正因為自然界的各種事物也像人一樣有「靈魂」，所以自然界與人也就是相通的，反過來說，人也可以經由祈禱、咒語以及一些帶有模擬性的行為去調節，甚至改變自然界的變化。遠古的巫師即是一些所謂能夠通天、通鬼神並且能夠驅邪避害的人。

《周易》一書可以說到處滲透著「天人合一」的思想，並帶有明顯的原始巫術的痕跡，但又不同於巫術世界觀的「萬物有靈論」。因為《周易》中所講的「天」極少帶有神秘，甚至令人恐怖的特點，也沒有西方的那種造物主的觀念。

因此，所謂「天人合一」也主要是指天人之間在道德、情感上能夠相通、一致，並且充分肯定人可以認識和掌握自然規律，再由認識和掌握自然規律去成就人生的事業，而並非意味著人是為「上帝」、鬼神所支配的，也不是說人透過一些神秘的活動就能改變自然界本身的規律。

從思想傾向上看，《周易》的「天人合一」思想是從儒家，特別是荀子學派的思想出發的。在《周易》的思想中，「天人合一」的意思主要體現在三個方面：

第一，人為天地所生，或人是自然的一部分。因此，人與自然之間不是一種彼此分離、對抗的關係，而是一種彼此關聯、融通的關係。

第二，由於人為天地所生，人不能離開天地而生存，所以人的行為與天地的運行、社會的秩序與自然的秩序也是相通、一致的。一方面，人的一切感官生理慾望以及在社會政治倫理道德範圍內的活動，都應當是合乎自然或與自然相一致的。另一方面，一切出於自然的現象也同時具有社會政治倫理道德意義。所以，《周易》一方面主張人須效法自然，同時又賦予自然以倫理道德意義。這樣，透過效法天地就可以成就人生的事業，實現儒家的倫理和政治理想。因此，《周易》說：

「夫大人者，與天地合其德，與日月合其明，與四時合其序，與鬼神合其吉凶。」（《文言傳》）

「天地感而萬物化生，聖人養賢以及萬民。」（《彖辭傳》）

「天地感而萬物化生，聖人感人心而天下和平。」（《彖辭傳》）

「天地節而四時成。節以制度，不傷財，不害民。」（《彖辭傳》）

「崇效天，卑法地。」（《繫辭上傳》）

「聖人有以見天下之動，而觀其會通，以行其典禮。」（《繫辭上傳》）

「天生神物，聖人則之；天地變化，聖人效之。」（《繫辭上傳》）

《周易》的這些論述，不僅肯定了人與自然、人的社會本性與自然本性之間的內在一致關係，而且充分肯定了人對於自然的主觀能動性以及透過社會的政治倫理道德對人的自然本性加以節制、約束的必要性。因此，《周易》中所講的人與自然的統一既不同於原始巫術的「萬物有靈論」，也不同於道家所講的人與自然的統一。道家如莊子學派講人與自然的統一，是以「無為」或排除違反人的原始自然存在狀態的人為努力和批判儒家禮法為前提的。而《周易》的基本精神則是奮發有為、自強不息。因此，《周易》是站在儒家，特別是荀子學派的立場上，從積極有為的方面充分肯定了人與自然的統一。

這種「統一」，不是簡單地讓一方去順從、適應另一方，而是彼此之間的相互作用和相互影響。而且這種相互作用和相互影響，既具有物質上的意義，同時也具有精神上的意義。所以在《周易》的觀念中，自然既是物質客體，也是精神客體，人既具有理性和道德，同時也是血肉之軀，有著各種應當予以合理滿足的自然生理慾望。

從總體上看，《周易》對「天人合一」思想的論述，帶有明顯的牽強比附的痕跡和不可避免的歷史侷限性。但是它所肯定的人與自然的統一，卻是有其客觀依據和重要意義的。

其依據之一是人為自然的產物，也是自然的一部分，而人的生存和發展，是以自然所提供的各種物質條件為前提的。

依據之二是人透過自己的生產、生活實踐，能夠認識自然的變化、發展規律，而人的生存和發展，正是以認識自然並進而征服自然為前提的。

依據之三是人的倫理道德規範的確立，只是為了克服、約束人身上存在的動物性的衝動，更根本的是為了遵循生命發展的自然規律，使人的生命得到合理的發展。道德不可能也不應當消滅人的一切自然生理慾望，而是要將之昇華到人的高度，使之在與動物不同的人的形式中獲得更好的滿足。

因此，《周易》將天道、地道、人道貫穿起來，一方面肯定人為天地所生，另一方面又賦予天地以道德情感色彩，並從天地出發說明社會的倫理道德，從社會的倫理道德出發說明天地的規律和屬性，並將生命與自然溝通、統一起來，這決不能僅僅說成是一種簡單、幼稚的比附或聯想。

從《周易》這本書的整個思想來看，它對「天人合一」思想的論述主要不是為了說明美和藝術。但是，「天人合一」或人與自然相統一的問題，卻是同美的本質和藝術的創造直接相關的一個根本性的問題。因為從人類的歷史發展來看，所謂美不外是馬克思指出的「自然向人生成」這一漫長的歷史過程的產物，而藝術的創造，本質上也是人類認識和改造自然的結果。

中國美學的一個基本特色或優越之處，正在於它是在樸素地肯定人與自然相統一，這個前提下來考察美和藝術問題。

在中國美學史上，人與自然相統一的思想主要表現在兩個方面：一是審美感受同人的自然的感官生理慾望的關係；一是審美和藝術中人與外部自然界的關係。前一方面的問題，《周易》也曾直接觸及，如在《文言傳》中所謂：「乾始能以美利利天下」，「利」即利益，同人的生理慾望的滿足相關。而所謂審美感受同人的自然的感官生理慾望的關係，實質上也就是審美感受同人的自然的感官生理慾望的滿足或自然生命的健康正常發展的關係。

從美學上來說，美感的產生必須建立在生命的健康正常發展的基礎上，即建立在生理慾望的滿足或至少不違背生理慾望的滿足的基礎上。而維繫和保障生命的健康正常發展，正是《周易》的一個基本思想。至於審美和藝術中人與外部自然的關係，《周易》雖未直接加以論述，但中國美學和藝術中始終強調的人與自然統一的思想，卻在很大程度上受到了《周易》的影響（其中當然也受到了道家的影響，但我們又不能僅僅依據道家的思想去解釋中國美學和藝術中所強調和要求的人與自然的統一）。在這個問題上，《周易》對後世的美學研究，特別是藝術創作產生最大影響的，是它所包含的人與自然之間具有親切和諧、富有人間情味的精神性關係的思想。

在《周易》（特指《易傳》）之前，儒家（如孔子）即經常把自然看作是主體的道德精神的象徵（如孔子對山、水的看法）。《周易》繼承並發展了這種思想，並進而把天地萬物的變化、發展以及在這種變化、發展中所表現出來的規律和現象，統統同人的政治倫理道德規範和制度聯繫起來，同吉凶禍福成敗等人生境遇及喜怒哀樂等各種生活情感聯繫起來，總之同人生中的一切努力、追求聯繫起來。因此，在《周易》的思想中，自然不僅僅是道德精神的象徵，而且也是整個生命的象徵。自然不是同人無關的冷漠僵死的物質存在，而是滲透著人的精神和情感、充滿人間情味的生命存在。

這個看法，在中國古代藝術中，可以說得到了最充分、最直接的表現。因為在中國藝術中，自然界的事物從來就沒有被當成死物來加以描繪，而總是無一例外地被當成有生命的對象來加以描繪，即便是一根枯枝、一片敗葉、一塊頑石，也總是充滿著生命力。而且在中國藝術家的筆下，自然界極少有任何神秘、恐怖的特點。在中國的山水詩、畫中，我們所感受到的是充滿生氣和人間情味的自然，而不是英國「湖畔派詩人」、俄國畫家列維坦及瑞士畫家勃克林筆下的那種神秘的、充滿悲劇色彩或宗教意味的自然。

南朝時齊梁間文學批評家鍾嶸《詩品・序》中說：「若乃春風春鳥，秋月秋蟬，夏雲暑雨，冬月祁寒，斯四候之感諸詩者也。嘉會寄詩以親，離群托詩以怨。」認為四時諸景，可以搖蕩情性，感動人心，因而同人的各種生活情感有著密切的關係。這個看法，同西方很多藝術家的看法——比如說維也納古典樂派代表人物之一的貝多芬和俄國托爾斯泰的看法是很不一樣的。貝多芬自耳聾以後，曾在維也納的近郊每天一個人獨自散步，並在給朋友的信中寫道：「全能的上帝！——在森林中我快樂了；——在森林中我快樂了，——每株樹都傳達著你的聲音。——天哪！何等的神奇！」①在貝多芬眼裡，自然乃是上帝的化身。文學家托爾斯泰雖沒有把自然直接等同於上帝，但他的看法也是頗有宗教意味的。他在一篇旅行札記中曾描繪了瑞士克拉蘭的湖光山色，並寫道：

①傅雷：《傅譯傳記五種》，三聯書店，一九八三年版，第一五三頁。

當我在早晨或者特別在午飯後黃昏前打開已經蒙上陰影的百葉窗板，眺望湖水和倒映在湖中的遠處的青山的時候，美每次都使我眼花繚亂，在刹那間用意想不到的力量打動了我的心。……我立刻就想愛，我甚至感到對自己的愛，惋惜過去，希望將來，活著在我也是快樂，想長久地長久地活著，於是死的念頭得到了幼稚的、富有詩意的恐怖。①

這種看法，同中國藝術家把自然同倫理道德及人的生命情感聯繫起來的看法，可以說是大相徑庭的。

「天地之大德曰生」

從「天人合一」的理論前提出發，《周易》進一步提出了一個總括性的命題——「天地之大德曰生」。這個命題，可以說是《周易》哲學和美學思想中的一個核心命題。

《周易》自始至終都極為重視「天地」問題。乾（代表天）、坤（代表地）二卦，據《易傳》的作者看來，乃是理解整個《周易》思想的門戶，而天地則是化育萬物的「父母」。從思想淵源上說，《周易》對這個問題的看法主要是以儒家，特別是戰國思想家荀子（約前三一三—前二三八）的思想為理論根據的，但同時又非常明顯地受到了道家，特別是戰國思想家莊子（約前三六九—前二八〇）的影響。莊子不僅十分重視「天地」問題，而且明確提出了「天地之美」的觀念——如「聖人者，原天地之美而達萬物之理」。②

同樣地，《周易》也把「天地」問題作為全書的首要問題，並且也像莊子那樣，把美和天地聯繫起來，認為「乾始能以美利利天下」、「坤含章可貞」、「有美含之」。但《周易》又不是站在道家的立場上，以「道」的「無為」來講「天地之美」，而是從天地化生萬物及天地萬物的變化角度來講「天地之美」，並且認為社會的政治倫理道德同天地萬物的變化、發展規律之間有一種相通、一致的關係，並進而肯定美同社會的政治倫理道德及天地萬物的變化、發展規律之間，也有一種內在的依賴關係。

①轉引自《普列漢諾夫美學論文集》，人民出版社，一九八三年版，第Ⅱ集，第七二八—七一九頁。

②《莊子・知北游》。

《周易》中所講的「天地之美」，乃是一種「生」之美，而「生」又同「德」有關，是天地之「大德」。「德」的概念在《周易》中先後出現了三十多次，有「厚德」、「崇德」、「修德」、「賢德」、「聖德」等不同的說法。「天地之大德」的「德」，有以「生」為天地偉大功能的表現的意思，但也有倫理道德的含義，同儒家向來所主張的「德治」或「禮治」有關。同時，「天地之美」在「生」，而「生」又與「德」相聯，這也就充分肯定了美與善或美與社會倫理道德的關係。而強調美與善的關聯，正是儒家的一貫看法。因此，《周易》對天地的看法，儘管深受道家影響，但骨子裡仍然是儒家的思想。不過在涉及到美的問題時，它又不是像先秦儒家其他代表人物那樣，直接地把美同人的道德行為聯繫起來，或直接從人的道德行為中引申出美來，而是把美首先同天地的變化聯繫起來，從變化中的天、地、人三者的統一、協調中引申出美來。這種對美的看法，正是《周易》美學的獨特之處，也是吸取了道家思想的結果。

《周易》一書通篇都離不開它對天地的看法。綜觀全書，特別是它對乾、坤二卦的解釋來看，《周易》對天地的看法，主要表現在以下三個方面：

第一，《周易》所說的「天地」，就是作為人的生存環境和條件的自然界。

第二，《周易》所說的「天地」，具有產生或化育萬物的偉大功能，而且無論天地還是由天地所產生的萬物，都處在永無止境的、有規律的運動、變化和發展之中。

第三，《周易》所說的「天地」，雖然基本上沒有超自然的、神秘的色彩，並且是一種客觀的存在，但卻具有道德、情感色彩，並且不是那種與人無關或相對立、相衝突、相敵對的自然界。因此，天地的運動、變化，也決不是一種純機械的運動、變化，而同時具有不斷生長、發展的特點。儘管《周易》始終都在講「變化」，但相比之下，它更強調的是「生」，或變化本身所具有的不斷生長的特點，即如《繫辭上傳》所說的：「生生之謂易。」

從《周易》的整個思想及書中對「生」的論述來看，「生」的具體含義也主要有三層。

第一，「生」是天地的一種功能，具體指的是天地產生萬物（包括人）。

第二，「生」同時也是萬物的一種屬性，具體指的是萬物的變化、生長和發展（包括人的生命及人事的變化和發展）。

第三，「生」不僅具有產生、形成、變化、生長、發展的含義，而且具有生命的含義。所謂「天地之大德曰生」，「天地絪縕，萬物化醇。男女構精，萬物化生」，其「生」的含義都可以說是從人的生命的意義上派生出來的，而且同它所反覆提到的「育」的概念相近。

因此，《周易》關於天地生萬物的看法，本質上是中國古代的生命哲學。當然，這是一種廣義的生命哲學。因為在這裡，「生命」不單指有機物（動植物）的生命。在《周易》的思想中，整個宇宙即是一個不斷運動變化著的生命整體，從而一切與有機生命的存在、發展相關的自然現象都是生命的表現。《周易》的這種生命哲學，無論從美學上看還是從具體的藝術創作來看，都具有多方面的意義。

從美學上看，《周易》在論述天地產生萬物的同時，即已明確地提出了兩個基本看法，即：

第一，天地萬物的運動、變化和生長本身就具有美的意義。《周易》處處都充滿了對自然界運動、變化、生長的熱情洋溢的贊美，如：

「雲行雨施，品物流形。大明終始，六位時成，時乘六龍以御

天。」（《彖辭上傳‧卦乾》）

「坤厚載物，德合無疆，含弘光大，品物咸亨。」（《彖辭上傳‧坤卦》）

「天地變化，草木蕃。」（《文言傳‧坤文言》）

「雷電合而章。」（《彖辭上傳‧噬嗑》）

「天地相遇，品物咸章也。」（《彖辭下傳‧姤卦》）

「剛柔相摩，八卦相蕩，鼓之以雷霆，潤之以風雨，日月運行，一寒一暑。」（《繫辭上傳》）

這些話既是講天地萬物的變化，同時也包含著對天地萬物之美的肯定、贊頌。

第二，美既存在於自然或產生於自然，因此進一步說，美既同天地萬物的運動、變化有關，而且也同人的自然生命有關，即同人的生理慾望的滿足、生命的繁榮及事業的昌盛、發達有關。如「君子黃中通理，正位居體，美在其中，而暢於四支，發於事業，美之至也」（《文言傳》），「富有之謂大業」（《繫辭上傳》）、「崇高莫大乎富貴」（《繫辭上傳》）等等，都包含著這一層意思。在《周易》的思想中，美是與「利」及財富的增加、事業的昌盛發達相關的。

從具體的藝術創作來看，《周易》天地生萬物的生命哲學思想，同樣也具有極為重要的影響。具體說來，這種影響主要表現在以下兩個方面：

第一，《周易》中所講的「生」具有生命的含義，而且認為宇宙萬物皆是生命的表現，這個看法不僅影響到中國藝術家對自然的看法，而且影響到中國藝術家對藝術作品的看法。在中國藝術家的眼裡，自然不是死的物質，而是活的生命，如北宋畫家郭熙所謂：

「山，大物也。其形欲聳拔，欲偃蹇，欲軒豁，欲箕踞，欲盤礴，欲渾厚，欲雄豪，欲精神，欲嚴重，欲顧盼，欲朝揖，欲上有蓋，欲下有乘，欲前有據，欲後有倚，欲上瞰而若臨觀，欲下游而若指麾。此山之大體也。

水，活物也。其形欲深靜，欲柔滑，欲汪洋，欲回環，欲肥膩，欲噴薄，欲激射，欲多泉，欲遠流，欲瀑布插天，欲濺撲入地，欲漁釣怡怡，欲草木欣欣，欲挾煙雲而秀媚，欲照溪谷而光輝。此水之活體也。山以水為血脈，以草木為毛髮，以煙雲為神彩。故山得水而活，得草木而華，得煙雲而秀媚。水以山為面，以亭榭為眉目，以漁釣為精神，故水得山而媚，得亭榭而明快，得漁釣而曠落。此山水之布置也。」①

又說：

「石者，天地之骨也，骨貴堅深而不淺露。水者，天地之血也，血貴周流而不凝滯。」②

這幾段精彩的論述，正可以說是中國古代藝術家對自然所採取的一種普遍的

①郭熙：《林泉高致集·山川訓》。

②郭熙：《林泉高致集·山川訓》。

看法。同樣地，作為取法或效法自然的藝術作品，在中國藝術家眼裡，也不應是一堆死的物質，而應是一個「形神兼備」、「生動活潑」、「栩栩如生」的生命有機體，如北宋文學家蘇軾所謂：「書必有神、氣、骨、肉、血，五者闕一，不為成書也。」①這也是中國古代藝術家對藝術作品所採取的一種普遍的看法。

第三，《周易》中所講的「生」具有不斷生長、變化的含義，而且認為宇宙萬物皆處在不斷生長和變化之中。這個看法為中國古代藝術創作所追求的運動、變化、氣勢及節奏韻律之美，提供了最深刻和充分的哲學依據。中國古代有成就的藝術家，歷來都強調師法自然，但他們所強調的，不是描繪自然物的形體、狀貌，而是表現自然物的運動、節奏和氣勢。

中國藝術家對藝術的最高要求，也不是「形似」，而是「神似」，不是單純的、靜止的形式，而是生動感人的意境。即便是像建築這樣一種看來是靜止的藝術，中國的藝術家也處處要使之靜中有動，給它注入一種舒展開闊飛動的力量和氣勢，並以富有動感的圖案紋樣作為柱、樑、牆面及天花板的裝飾。

①《東坡題跋》上卷《論書》。

「一陰一陽之謂道」

《周易》認為，宇宙生命是一個生生不息、永恆不止的運動、變化、發展過程，而支配這一過程的是宇宙生命中普遍存在的陰陽對立統一規律（「道」）。陰和陽既是宇宙生命運動、發展過程中兩種基本的要素，同時它們的相互作用又構成宇宙生命運動、發展的內在動力。

從卦象上看，陰爻和陽爻是構成六十四卦的基本單位，而整個六十四卦即是由陰爻和陽爻的相互錯雜而構成的。無論是從宇宙生命的運動、發展來看，還是從卦象的構成來看，陰和陽的相互作用都是促成其變化的根本原因。《易傳》的整個思想可以說即是圍繞著陰和陽及其相互作用而展開的。「觀變於陰陽而立卦」，「一陰一陽之謂道」，作為一個普遍的規律，陰陽的相互作用表現在自然及人事的一切方面。

從陰陽概念出發，《易傳》的作者又進而引申出剛柔的概念，並從陰與陽、剛與柔的相互作用出發，進而去解釋和說明晝夜、寒暑、動靜、往來、開合、順逆、進退、吉凶、禍福、成敗等一切自然或社會現象。

從歷史上看，「陰」和「陽」的概念並非由《周易》首次提出。而且在《周易》的經文中，只有「鳴鶴在陰，其子和之」（中孚．九二）一句話提到「陰」字。「陰」、「陽」二字的大量出現是在《易傳》之中。但在《易傳》成書之前，《詩經》、《尚書》、《左傳》、《國語》及《道德經》等典籍中即已有了「陰」、「陽」二字，應用了陰陽概念，並且已有陰陽和諧的觀念，有時還與音樂的和諧聯繫起來。

《周易》（《易傳》）繼承和吸收了前人的思想，但又沒有停留在前人的看法上，而作了極為重要的引申和發揮。一方面，《周易》把「陰」、「陽」提升為一對可以解釋一切現象的、最高的哲學範疇，並把陰陽變化規律看作是統帥天地萬物及社會人生的一個最普遍的規律，從而賦予「陰」、「陽」這兩個概念以前所未有的、異常廣泛的意義。另一方面，《周易》把陰、陽看作是兩種相反相成的力量，但卻並不把它看作是兩種彼此均等或相同的力量。在強調二者不可分離的同時，《周易》又「確定『陽』是主導，『陰』是基礎。在主導和基礎中更強調前者」。①

因此，《周易》中所講的變化，不是一種循環運動，而是一種不斷上升、不斷前進的發展。這種發展以剛健進取、自強不息、奮發有為為其特徵。《周易》的這些看法，在中國美學史和藝術史上，均產生了極為廣泛的影響。

第一，《周易》關於陰陽對立統一的思想為中國藝術和美學中所追求的「和」的理想提供了哲學上的論證。「和」的概念在中國藝術和美學中所指的意思並不僅僅限於「多樣統一」，更主要的是指對立面的統一。從中國古代文藝理論中所講的剛柔、動靜、開合、順逆、方圓、曲直、粗細、肥瘦、厚薄、枯潤、質妍、巧拙、上下、左右、遠近、深淺、明暗、內外、經緯、斷連、反正、奇偶等成對出現的概念來看，所謂「和」首先即是指對立面的統一。

中國藝術在描繪外部事物的形體、狀貌、細節時所強調的不是感覺上的逼真，而是事物的結構、關係及運動變化中的節奏、韻律。而無論結構、關係還是節奏、韻律，事實上都是或主要是各種相反要素的協調或對立面的統一。而且，這種對立面的統一，從根本上來說，乃是陰陽對立面的相互統一的各種具體表

①李澤厚：《古代思想史論》，人民出版社，一九八六年版，第一二八頁。

現。在中國古代美學和藝術中，陰陽對立面的相互統一，也往往被看作是一個普遍的創作法則，如：

「音樂之所由來遠矣。生於度量，本於太一。太一出兩儀，兩儀出陰陽。陰陽變化，一上一下，合而成章。」《呂氏春秋・大樂》。①

「夫書肇於自然，自然既立，陰陽生焉；陰陽既生，形勢出矣。」②

「凡天下之事事物物，總不外乎陰陽。以光而論，明曰陽，暗曰陰，以舍宇論，外曰陽，內曰陰，以物而論，高曰陽，低曰陰，以培樓論，凸曰陽，凹曰陰。……惟其有陰有陽，故筆有虛有實。」③

「大凡天下之物莫不各有隱顯。顯者陽也，隱者陰也；顯者外案也，隱者內象也。一陰一陽之謂道也。」④

「天地之道，陰陽剛柔而已。文者，天地之精英，而陰陽剛柔之發也。」⑤

「陰」、「陽」真是一對無所不包的範疇，難怪朱熹《朱子語類》中說：

「天地間無往非陰陽。」中國古代美學中談到藝術作品的構成時，雖涉及到許多具體的技巧問題，但從哲學的角度來說，大抵未能超出「一陰一陽之謂道」這樣一個普遍的規律。

第二，《周易》關於陽為主導、陰為基礎的思想，也為中國藝術中所表現的「力量」、「氣勢」及「陽剛之美」提供了理論上的依據。在《周易》的觀念中，陽趨向於動，並具有剛的性質；陰則趨向於靜，並具有柔的性質。而且在《周易》中，乾（為天，為陽）所具有的剛健之美及天地陰陽變化中所表現出來的那種不斷生長的強大氣勢和生命力，均被給予了充分的強調和重視。而這種傾向，正是中國藝術的主導傾向。

①《呂氏春秋·大樂》。
②蔡邕：《九勢》。
③丁皋：《寫真秘訣》。
④布顏圖：《畫學心法問答》。
⑤姚鼐：《復魯絜非書》。

儘管中國藝術並不排斥陰柔之美，也不反對去描繪那些優雅、漂亮的事物，但在描繪這些事物時，中國藝術所強調的是滲透於其中的生機和活力，而且反對那種流於俗艷、輕浮、軟弱、萎靡甚至猥瑣低級的藝術趣味。

易學美學的基本範疇

《周易》一書對中國美學和藝術的貢獻，不僅在於它提出了「天地變化，聖人效之」、「天地之大德曰生」、「一陰一陽之謂道」這樣一些具有哲學和美學意義的命題，而且在於它提出或闡明了一系列具有美學意義，並且對後世的文藝創作產生了深遠影響的範疇。因此，《周易》雖不是一部專講美學的書，但它所包含的美學思想卻又帶有明顯的連貫性和系統性，而絕非零碎、片斷的議論。

美

「美」是美學的基本範疇。儘管我們認為美學並不僅僅是專門研究美的學問，但古今中外無論哪一派的美學，即使是現代西方某些否定美的本質研究的學派，實際上也不能對「什麼是美」這個問題完全置之不理。

《周易》的經文和傳文中，提到了很多與美相關的詞，如元、亨、利、貞、文、章、中、和、剛、柔、高、大、文、盈、豐、厚、健、壯、光、明、麗、盛、昌、吉、純、粹、精、正及高大、廣大、崇高、豐盛、盛大、光明、輝光、中正等等，都包含著美的含義在內，有的可直接解為「美」或「好」。而且，在乾、坤二卦的解釋中，《周易》還明確地提到了「美」。

從理論上看，《周易》還沒有對「美」進行明確的規定，但卻從不同的側面對美的起源和特徵進行了說明。《周易》對美的看法，概括起來說，主要有以下幾個方面值得注意：

第一，《周易》是從天地產生萬物這一基本觀念來看美的。在《周易》的觀念中，沒有天地就沒有萬物，從而也就沒有萬物的美。因此，《周易》所講的「美」，首先是指天地的美，或首先是與天地相關的。

「美」這個詞在《周易》中共出現了五次，其中四次是在乾、坤二卦的經文和傳文中。乾、坤二卦分別代表天和地，具有化生萬物的偉大品格或功能（「大德」），很顯然，在《周易》的作者看來，「美」是同天地所具有的這種「生」

的品格或功能分不開的。

第二，《周易》是從人的生存和發展來看美的。在《周易》的觀念中，美的東西必定是有利於人的生存和發展，能夠給人帶來幸福和吉利的東西。《文言傳》說：「乾始能以美利利天下」。「美」與「利」顯然密切相關。而且就《周易》的整個思想觀念來看，「美」的觀念同乾卦中所說的「元」、「亨」、「利」、「貞」，同通順、吉利、成功的人生理想與追求也是不能分開的。

第三，《周易》從天地產生萬物，從人的生存和發展來看美，因此它所說的美同萬物生長的規律性及人自身的道德品性密切相關。《文言傳》中說：「陰雖有美含之，以從王事，弗敢成也。」又說：「君子黃中通理，正位居體，美在其中，而暢於四支，發於事業，美之至也。」「含之」即坤卦六三爻辭之象傳中所說的「含章」。

元吳澄《易纂言》中說：「含章，象也。含如口之含，陰陽相間，雜而成文，曰章。」「章」或「文」在《周易》中首先是指天地萬物、日月星辰及山川動植的花紋、條理，這種花紋、條理的形成本身又是天地陰陽變化、發展規律的具體的、感性的表現。因此，具有美的意義的「章」或「文」，同天地萬物的生長、變化、發展規律是密切相關的。

「美」在這裡，實際指的是一種合規律而又有多樣變化的形式，同時又與道德上的善及個人的道德修養、內在品格密不可分。此外，坤卦六三爻辭中說：「含章可貞」，「貞」一方面指天地萬物運動、變化所遵循的正道（規律），與美的合規律性相關；另一方面又指君子不為權勢所屈的人格力量，與道德的善相關。

第四，《周易》從天地產生萬物和從人的生存與發展兩個方面來看美，因此，它所說的美就是乾卦中提出的元、亨、利、貞的完滿實現。元、亨、利、貞在《周易》中是一個不可分割的整體，代表著一個美好的社會人生理想，而且四者均與美有關係。「元」與天地產生萬物這一總的看法相聯。

《周易》中有「乾元」、「坤元」之說，「元」具有萬物的本原、始基的意思，而且被認為是「善之長」，即超乎一切德之上的「大德」。「亨」具有「嘉」的意思，同美的文采、形式及美給人的享受相聯。「利」具有「利益」的意思，同美與人的生命存在、發展的關係相聯。「貞」具有符合正道、堅守正道的意思，同美與自然規律及人的道德品格的關係相聯。元、亨、利、貞四者的有機結合和完滿實現，即是「大和」。

《周易正義》說：「《子夏傳》云：元，始也；亨，通也；利，和也；貞，正也。言此卦之德有純陽之性，自然能以陽氣始生萬物而堅固貞正得終，此卦自然能令物有此四種，使各得其所，故謂之四德。」這「四德」，乃是萬物生長、變化、發展的保障，或者說是風調雨順、萬物興盛、事業發達、天下和平的保障。

在《乾·文言傳》中說：「乾道變化，各正性命，保合大和，乃利貞。」「大和」即是元、亨、利、貞四者的完滿完現，也即是美。如果聯繫到「天地之大德曰生」的命題來看，則元、亨、利、貞「四德」又同「生」有關。

因此，《周易》中所說的「美」，總起來看，也就是「大和」之美，生命之美。

陽剛與陰柔

美在現實和藝術中均有不同的種類和形態。在西方美學史上，美通常被劃分為優美和崇高兩大類，而在中國美學史上，美則通常被劃分為陰柔之美（優美）和陽剛之美（壯美）兩大類。

就自然現象而言，清風明月、小橋流水之類的景色可歸入陰柔之美的範疇，而大漠長川、崇山峻嶺之類的景色，則可歸入陽剛之美的範疇。

就藝術作品而言，自東晉文學家陶淵明到唐朝詩人孟浩然的田園詩、宋代婉約派的詞、南唐畫家董源和五代、宋初畫家巨然等人的南宗山水及宋人的某些扇面小景、元代趙孟頫的書法，皆約略可歸入陰柔之美的範疇，而唐詩人高適、岑參等人的邊塞詩、宋代豪放派的詞、范寬和李唐等人的北宋山水、北魏石刻及顏真卿等人的書法，則可約略歸入陽剛之美的範疇。

從歷史上看來，「陰柔之美」和「陽剛之美」這對範疇，是由清代文論家姚鼐（一七三一—一八一五）在《復魯絜非書》中提出來的。但其思想並不完全是他個人的獨創。在姚鼐之前的眾多詩論、文論、書論、畫論及樂論中，事實上都已涉及到陽剛之美和陰柔之美的具體描述。

這些論著中所講的「遒勁」、「剛健」、「沉著」、「平和」、「含蓄」、「清新」等詞及「有骨力」、「有丈夫氣」、「筆力雄健」、「蘊籍深厚」、「神氣清新」等描述性的語句，從文藝理論的角度來看，只是對不同創作風格的說明或品評，而從美學的角度來看，則可以說是對美的不同表現形態的區分。

如果把這些區分集中起來，便約略可以將之分別歸入陽剛之美和陰柔之美兩個大類。但明確聯繫到《周易》的陽剛陰柔觀念，從哲學的高度來論述這兩種美，則是姚鼐的重要貢獻。

從理論上來看，「陽剛之美」和「陰柔之美」這對範疇，實即出自《周易》。因為《周易》一書的中心思想，首先即是用陰陽、剛柔的相互關係來說明、解釋宇宙、天地、萬物、生命的變化和發展。陰、陽、剛、柔是構成《周易》思想體系的、最基本的範疇（其中，「陽」字共出現六次，「陰」字共出現六次，「陰陽」二字連用共出現七次，「剛」字共出現四十七次，「柔」字共出現二十一次，「剛柔」二字連用共出現二十五次）。儘管「陰」、「陽」、「剛」、「柔」這四個字早在《周易》（《易傳》）之前就已出現，但把它們彼此聯繫起來，並提高到「範圍天地之化」、「彌倫天地之道」的哲學高度，卻是從《周易》開始的。

在《周易》的思想中，陰、陽是導致、推動、促成宇宙生命變化發展的兩種最基本的因素或力量，而柔和剛則分別是二者所具有的、最基本的屬性。宇宙生命的一切變化和發展以及這種變化和發展所表現出來的力量、秩序和美，歸根到底都可以從陰陽、剛柔的變化和關係中得到解釋。

一、「陽剛」與「陽剛之美」

《周易》認為陰陽的相互作用是促成宇宙生命變化發展的根本動力，而陰和陽又分別具有不同的屬性：陽代表男，具有剛的性質，並趨向於動；陰代表女，具有柔的性質，並趨向於靜。

從《周易》的整個思想來看，它對陽剛之美是十分重視的。儘管它並未明確提出「陽剛之美」這樣的觀念，但卻對陽剛之美的具體表現進行了相當深入的描繪，並為「陽剛之美」這一概念的提出，提供了哲學依據。

如《象辭上傳》說：「雷出地奮，豫。先王以作樂崇德，殷薦之上帝，以配祖考。」這種「雷出地奮」的樂，即是充滿陽剛之美的樂。又如《彖辭下傳》中說：「大壯，大者壯也。剛以動，故壯」，「雷在天上，大壯」。「大壯」，也即是壯美或陽剛之美。而「雷在天上」這樣的景象，也是頗能給人以壯美或陽剛之美的感受的。

《繫辭下傳》中把「大壯」同宮室聯繫起來，並說：「上古穴居而野處，後世聖人易之以宮室，上棟下宇，以待風雨，蓋取諸大壯。」這裡的「大壯」，也具有壯美的意思，同宮室的高大、雄偉、壯麗相聯。

但《周易》對陽剛之美論述最詳的是在它對乾卦的解釋中。因為乾代表天，且具有純陽至剛的特點，因此乾的美，實即是陽剛之美最集中的表現。從它對乾卦的解釋來看，所謂「陽剛」之美，大抵具有以下特徵：

第一，陽剛之美是自然生命生生不息、堅不可摧的力量（包括人類道德精神力量）的表現。在《文言傳》中說：「乾元者，始而亨者也。利貞者，性情也。乾始能以美利利天下，不言所利，大矣哉！大哉乾乎！剛健中正，純粹精也。」

這段話所講的是「乾」所具有的「以美利利天下」的偉大功能，同時又用「大」、「剛健」、「中正」、「純粹」、「精」來加以形容。而「大」、「剛健」、「中正」、「純粹」、「精」，即可以說是乾之美或陽剛之美的一些具體的特徵或規定。

從這段論述來看，陽剛之美乃是一種「大」美和「剛健」之美。而「大」、「剛健」的意思是指強大有力或天（乾）所具有的統帥萬物、化育萬物、周流不息、無往不復、不可遏止的偉大力量。同時，《象辭上傳》中又說：「天行健，君子以自強不息。」因此，陽剛之美不僅表現在天的偉大力量之中，而且也表現在人的偉大力量——即表現在君子或聖人教化萬民、建立功業、「化成天下」的道德人格、精神力量的偉大之中。

總之，就自然來說，表現在「雲行雨施，品物流形。大明始終，六位時成」的生命的流行不息、生生不已之中；就人的行為來說，則表現在效法自然的人的「進德修業」、「修辭立誠」、「順天應人」、「與時偕行」、「化成天下」、堅不可摧、勇猛精進的力量之中。因此，所謂「陽剛之美」，首先即是一種運動的美和力量的美，並且具有令人贊嘆的偉大。

第二，陽剛之美不是一種狂暴、無節制的力量的表現，而是一種合規律、有節制的力量的表現。因為《周易》中所說的「大」是同「正」相關的。《彖辭下傳》說：「大者，正也。正大而天下之情可見也。」「正」具有自然變化的合規律性的意思，如在《文言傳》中所謂：「乾道變化，各正性命。」同時，《周易》中所說的「剛健」，也是同「中正」聯在一起的，「中」、「正」指自然變化的合規律性，同時也指人的行為必須堅守正道，避免走極端。因此，陽剛之美所表現出來的「力」，不是一種虛張聲勢的，甚至粗野的力，而是一種由對理性和正義必勝的堅強信念所控制和激發的力，如中國文論、詩論、書論、畫論所講的「雄渾」、「遒勁」、「骨氣洞達，爽爽如有神力」的力。

第三，陽剛之美具有一種不可移易的整一性和純粹性。《周易》所講的「剛健」或陽剛之美不是西方美學中所說的那種「內容壓倒形式」或「無形式」的力量，儘管具有不可遏止的趨勢，但在形式上卻又是高度完美的。因此，《周易》在講乾之美時，把「剛健」同「純粹」、「精」的概念聯繫起來。「純粹」、「精」系指道德人格的高度完善和完美，同時在《周易》中也指宇宙生命運動、變化的整一性和純粹性，即《繫辭上傳》所謂：「言天下之至賾而不可惡也，言天下之至動而不可亂也。」所以，「剛健」這個概念在《周易》中是同「大和」的觀念相關的，或者可以說，「剛健」之美正是「大和」之美的一種表現。

第四，陽剛之美表現在天地間的萬事萬物之中。《周易》講「剛健」，集中於對乾卦的解釋，但由於乾亦即天是產生萬物的，所以「剛健」之美並不僅僅為乾或天所專有。從廣義上說，剛健或陽剛之美乃是一種強大的生命力的表現，因此，凡是具有強大的生命力的事物，也就都具有剛健或陽剛之美。

由於在《周易》的思想中，宇宙即是一個不斷運動變化的生命整體，因而不僅有機生命可以表現陽剛之美，而且和有機生命的存在發展相關的無機物，也可以表現出陽剛之美。即使是枯枝、怪石之類看起來無生命且微小的事物，也可以——譬如在北宋畫家郭熙等人的筆下——表現出陽剛之美。

二、「陰柔」與「陰柔之美」

在《周易》中，「陰」的主要特徵是柔、順和靜。

正如《周易》沒有明確提出「陽剛之美」的概念一樣，《周易》也沒有明確提出「陰柔之美」的概念。但它卻間接地描繪和說明了可歸入陰柔之美的各種現象，如：「天地變化，草木蕃」（《文言傳》）、「山下有風」「地中生木」（《象辭傳》）、「鳴鶴在陰」（《中孚》）之類，都頗能給人以優美（陰柔之美）的感受。但對陰柔之美論述最詳的，是在對坤卦的解釋中。因為坤為地，具有純陰至柔的特點，因此坤的美，也當是陰柔之美最集中的表現。從它對坤卦的解釋來看，所謂「陰柔之美」，在《周易》的思想中，大抵具有以下特徵：

第一，「陰柔之美」指的是一種寬厚博大的母性美。在《周易》的思想是，坤象徵地，象徵母。《說卦傳》謂：「坤，地也，故稱乎母」，而大地和母親均具有化育、承受、包容的品性。《彖辭傳》中說：「坤厚載物，德合無疆」，又說：「地勢坤，君子以厚德載物。」所謂「厚德」，即儒家所說的「仁愛」，也是一種寬厚、博大的愛。而最能體現這種愛的，首先是無私地撫育、照顧子女的母親，以及負載萬物使其順利生長的大地。因此，在這裡，「陰柔之美」也即是寬厚博大的母愛和崇高的道德品格的表現。

第二，「陰柔之美」指的是一種包容廣大的、內含的美。坤卦的經文和傳文中曾說：「坤」「含弘光大」、「含章可貞」、「含萬物而化光」、「有美含之」，「弘」、「光」、「大」、「章」、「貞」均與「美」相通，而「含」的意思即指包含、內含。因此，「陰柔之美」實即是一種含蓄的美。在中國藝術史上，陶淵明的詩歌及唐朝文學家柳宗元的散文，都是頗能表現這種美的優秀範例。

第三，「陰柔之美」指的是一種柔順的、靜態的美。《彖辭傳》中說「至哉坤元，萬物資生，乃順承天」，「順」是坤的一個基本特徵。同時，《文言傳‧坤文言》中又說，坤具有「至靜」的特點。「陰柔之美」或坤之美的表現是平和、柔順、安穩、平靜。

但《周易》中所講的這種陰柔之美並不是一種軟弱無力的東西，也不同於後世文藝理論中在道、佛思想影響下所提出來的「平淡」、「空靈」等概念。因為《周易》中所講的「坤」之美或陰柔之美，其基本精神是執著於現實人生的，而且同樣也是生命力的一種表現。所以《文言傳》中說：「坤，至柔而動也剛，至靜而德方」。在至柔、至順、至靜中又表現出剛健的力量，這是《周易》所講的陰柔之美的重要特點。

總之，《周易》講「剛健」，並非一味地追求無節制的、暴烈的，甚至凶猛可怕的力量，講「柔順」，也非一味地追求有失分寸的依附、順從、軟弱乃至頹靡、浮華、俗艷。因此，《周易》所講的「剛健」或陽剛之美和「柔順」或陰柔之美，實質上是相互表裡而不能分開的。二者雖在表現形式上有所差異，但歸根到底說來，都是宇宙生命的生生不息的力量表現。

三、剛與柔的辯證關係

《周易》是根據陰陽、剛柔的變化來判定吉凶，進而解釋宇宙生命的變化、發展規律的。但據《彖辭傳》的說法，「乾道變化，各正性命。保合大和，乃利貞」，「大和」是吉利的保證，也是宇宙生命得以順利發展的保證。我們說過，所謂「大和」，其基本的意思是指對立面的協調、統一、均衡、適度。因此，從這一主導思想出發，在談到剛與柔的關係時，《周易》也總是要求其協調、統一、均衡、適度。

在《周易》看來，二者的協調、統一、均衡、適度就是吉利的，否則就是不吉利的。無論是過分的剛還是過分的柔，其結果都是不好的，也是不美的。即使是至剛、至柔的乾、坤二卦也不例外，因為如上文所說，《周易》對「乾」的基本規定是「其靜也專，其動也直」（《繫辭上傳》），而對「坤」的基本規定則是「其靜也翕，其動也辟」（《繫辭上傳》），「至柔而動也剛，至靜而德方」（《文言傳》）。

《周易》的這種剛柔協調或剛柔相濟的思想，在中國美學和藝術史上產生了十分廣泛的影響，而且在理論上也包含著對陽剛之美（壯美）與陰柔之美（優美）的辯證關係的深刻理解。

就《周易》本文而言，剛與柔的彼此配合、協調的辯證關係，主要表現在以下四個方面，即：

第一，剛柔兩兩相應。《彖辭傳》說「柔上而剛下，二氣感應以相與，止而說」和恆卦所說「恆，久也。剛上而柔下，雷風相與，巽而動，剛柔皆應，恆」。這即是一種剛柔相互協調、不剛不柔、亦剛亦柔的理想狀態。與之相反的是剛柔各執一面，彼此敵對，有剛無柔或有柔無剛的情況。這種情況表現在藝術上，往往出現兩個極端：一是流於劍拔弩張乃至粗野不文，如明初浙派末流的繪畫；一是流於軟弱無力乃至萎靡頹廢，如五代花間派的詞。

第二，內剛外柔。如《彖辭傳》說「內陽而外陰，內健而外順」及「剛中而柔外」。在《周易》的思想中，這種情況是吉利的，與之相反，「內陰而外陽，內柔而外剛」（《彖辭傳》），則是不吉利的。前者看似柔順，實則剛健，後者看似強大，實則脆弱、空虛。在藝術創作中，「內剛外柔」通常被看作是一種很高的境界，如陶淵明的詩作，表面沖淡、平和，實則蘊藉深厚，很明顯地表現了「內剛外柔」的特點。書畫方面，宋曹所說「外若優游，中實剛勁」①、唐志契所謂「似嫩而實老」②都是要求達到內剛外柔的境界。

①宋曹：《書法約言》。

②唐志契：《繪事微言》。

第三，柔中有剛。如《彖辭傳》所說「柔以時升，巽而順，剛中而應，是以大亨」及其鼎卦所說「柔進而上行，得中而應乎剛，是以元亨。」在《周易》的思想中，柔能應乎剛、得剛或剛而能得乎中，皆是吉利之象。從藝術上看，這也是一種美的表現。舉凡以柔為特徵的、成功的藝術創作，皆是柔中有剛的。如東晉顧愷之的人物畫，意境優美，人物飄逸，而其用筆卻是「緊勁連綿……風趨電疾」①的。又如唐代周昉的仕女畫，其人物造型豐頰厚體，設色富麗精工，而其衣紋的刻畫，則採用介於鐵線和游絲之間的線條，在彩色柔麗中，仍給人一種細勁有力之感。再如元代黃公望、倪雲林等人的山石、林木，表面上偏於疏淡、柔和，而用筆卻是力透紙背，外虛而內實。

第四，以剛決柔。如「《彖辭傳》說：「夬，決也。剛決柔也，健而說，決而和。」這是說明剛能戰勝柔，不因柔而失其剛，但又不是排斥柔、不要柔的意思。從藝術上看，「以剛決柔」通常是要求在作品中表現出一種雄勁、剛健的力量和氣勢，如宋代蘇東坡、黃庭堅、米芾等人的書法，范寬、李唐等人的繪畫，均屬於這一類。

《周易》對剛柔關係的看法，間接地說明了美的兩種不同表現形態——陽剛之美（壯美）與陰柔之美（優美）的彼此配合、協調、融通的辯證關係。這種看法很不同於西方美學通常把優美和崇高對立起來的作法。西方美學講「優美」，偏重於形式上的和諧及輕巧、柔和之類特徵，而講「崇高」，則偏重於突破形式的限制，強調其壓倒一切，甚至使人產生恐懼感的力量。二者似乎很難統一起來。在西方美學史上，「美」這個詞主要指的就是優美，而「崇高」則似乎超出了「美」的範疇。但在中國美學史上，所謂「陽剛之美」、「陰柔之美」，乃是統一於「美」這一範疇之內的兩種表現形態，而且二者處在一種相互依賴、相互滲透的關係之中。

事實上，剛與柔也是不能分開的。剛柔尤如一物的兩面，同時也是人的生命活動中的兩種不同實則一致的基本要求。

近人王統照在《陰雨的夏日之晨》中說：「人們的思想原是在循環圈中：有時喜歡吃淡味的麵餅，有時喜歡吃辛辣的食物。但平靜是一時的慰安，奮動是人生的永趣。我在這夏日的清晨的淡灰色的雲幕下，雖然喜慰我這心琴的調諧，但

①張彥遠：《歷代名畫記》。

我也何嘗忘卻霹靂、電光的衝擊。我由一杯香茗，一簾花影的沉靜生活中，覺得可以遺忘一切，神遊於冥渺之境，但激動的奮越的生命之火卻在隱秘中時時燃燒著。」王統照先生的這段話，正可用來說明陽剛與陰柔之美兩者不可缺一，同時也可說明《周易》思想影響之深遠。

變化、神

《繫辭上傳》中說：「剛柔相推而生變化。」「變化」在《周易》中也是一個具有美學意義的範疇。在後世美學和藝術中，「變化」或「變」、「化」二字多用來說明藝術的功能（如《禮記‧樂記》中所講的「感化」）、藝術的變革（如劉勰《文心雕龍》中所講的「通變」）、藝術技巧的熟練或藝術所達到的某種神妙無方的境界（如後世文藝理論中所講的「化境」）。

南朝梁文學批評家劉勰《文心雕龍》的《通變》篇及石濤《畫語錄》的《變化》篇，其思想皆是從《周易》關於變化的理論中引發出來的。而且中國古代的藝術，歷來重視運動、變化的表現，並常常用自然界運動、變化的神妙性，來比擬通過熟練的技巧所達到的高度自由的藝術境界。

一、「變化」的含義

《周易》這部書，籠統地看，就是一部講變化的書。它所有的觀點，都離不開對宇宙生命運動、變化的解釋。

《周易》中所講的「變化」，有以下六個方面的含義或特徵：

第一，《周易》中所講的「變化」，首先指的是天地的變化或宇宙萬物生命的變化，如「在天成象，在地成形，變化見也」（《繫辭上傳》），即指的是宇宙萬物生命的產生和發展過程。同時，由於變化具有連續性，所以，《周易》特別重視四時的變化，如「變通配四時」，「變通莫大乎四時」，即特指四時的變化或時間上的持續與更替。

第二，《周易》所講的「變化」是同陰陽、剛柔的相互作用分不開的，如「剛柔相推，變在其中矣」（《繫辭下傳》），「觀變於陰陽而立卦」（《說卦傳》），變化的原因在於陰陽、剛柔的相互作用，而其實質則在於陰陽、剛柔對立面的相互轉化。

第三，《周易》所講的「變化」具有明顯的規律性，表現為連續不斷的進退、開（辟）合（闔）、往來。如「日月運行，一寒一暑」，「一闔一辟謂之變，往來無窮謂之通」（《繫辭上傳》）。

第四，《周易》所講的「變化」具有神奇、神秘和神妙的性質，如「精氣為物，游魂為變」，「知變化之道者，其知神之所為乎」（《繫辭上傳》）。這是因為《周易》所講的「變化」，首先是指自然界的變化，而自然界的變化並非人力所為，也不是人所能加以機械地控制的，因此，這種變化對於人來說，就具有非人力的神奇的性質。俗語中所謂「鬼斧神工」，即是指這種變化的神奇或神妙性質。

第五，《周易》所講的「變化」是與人事相關的，並且同時也包括了人事的變化在內。如「化而裁之謂變，推而行之謂之通，舉而措天下之民謂之事業」（《繫辭上傳》），「功業見乎變」，「通其變，使民不倦。神而化之，使民宜之。窮則變，變則通，通則久。是以自天祐之，吉，無不利」（《繫辭下傳》）。在《周易》的思想中，天人是相通的，因此，人事的變遷與自然的變化也是一致的。

第六，《周易》所講的「變化」具有一定的周期性和反覆性，但卻決不是一種簡單的循環，而是一種辯證運動，一種不斷的更新和發展，一種宇宙萬物獲得新生的內在契機。從《周易》的整個思想體系來看，「變化」的觀念是同「生」的觀念及「自強不息」、「剛健、篤實、輝光、日新」的觀念緊密相關的，同時也可以說與「美」的觀念緊密相關的。因為只有通過變化才能充分展示天地自然的偉大力量、生生不息的運動節奏和人類堅強進取、不斷創造的意志、情感，只有通過變化才能造就美麗富饒的自然、繁榮昌盛的社會、和諧圓滿的人生。

二、「神」的含義

在《周易》的思想中，變化具有神奇、神秘和神妙的性質。

《周易》中所講的「神」，約有四層含義：

第一，「神」指鬼神。《繫辭上傳》說：「精氣為物，游魂為變，是故知鬼神之情狀。」

從這句話來看，《周易》是明顯肯定鬼神的存在。但即使在這裡，《周易》對鬼神的認可，也是以陰陽的變化為前提的。鬼神並沒有超出陰陽變化這個總的原則，因此，這個「鬼神」的觀念並不同於西方宗教思想中的人格神（上帝）。

第二，「神」指陰陽、天地變化的神妙性、微妙性和難於預測性，即《繫辭上傳》中所說的：「通變之謂事，陰陽不測之謂神」及《說卦傳》中所說的「神也者，妙萬物而為言也」。

第三，「神」指陰陽、天地變化沒有既定的或固定不變的方式、模式，也不能用任何既定的或固定不變的方式、模式去範圍它、約束它。這即是《繫辭上傳》中所說的「範圍天地之化而不過，曲成萬物而不遺，通乎晝夜之道而智。故神無方而易無體」。

第四，「神」指《周易》（《易經》）及其卦象的神妙功能。如《繫辭上傳》中說「《易》，無思也，無為也，寂然不動，感而遂通天下之故。非天下之至神，其孰能於此。」在這裡，「神」乃是一個形容詞或贊美之詞。

《周易》關於「神」的思想很明顯吸收了道家的某些看法（如「無思」、「無為」之說），而且主要是從陰陽、天地的變化角度而言的。

這個「神」的概念同《周易》中的許多概念一樣，本身並不是專講美學的。但它又是與美相通的。因為美是人類在自身生活的實踐創造中，在對客觀規律的認識和掌握的基礎上所獲得的自由的感性顯現，而不能歸結為一些固定不變的模式。從藝術創作來說，真正成功的、傑出的藝術作品，往往都超出了技法規則的限制，並且也決不是按照某些既定的技法規則創作出來的。而且作品越成功，越富有創造性，藝術家的創作活動也就越自由。

著名美學家阿恩海姆在談到舞蹈的學習和表演時說：「一切動作也同樣需要從頭學起，而且一直要學習到使這些動作以一種更高級的形式表現出來，和以一種更為高超的熟練性自動地演示出來為止。」①所謂「自動地」，也就是「自然地」。這段話的意思是說，只有熟練掌握各種舞蹈的規律或規則時，才能創造出真正的舞蹈藝術。這即是莊子所謂「技之至者進乎道」的意思，也是唐朝書法家及書法理論家孫過庭所謂「泯規矩於方圓，遁鈞繩於曲直，窮變態於豪端，合情調於紙上，無間心手，忘懷楷則」②及清朝僧人石濤所謂「法無障，障無法。法自畫生，障自畫退」③的意思。

「神」在中國古代藝術中，往往被看作是一種無斧鑿之痕的、自然神妙的境

①阿恩海姆：《藝術與視知覺》，中國社會科學出版社，一九八四年，第五六三頁。

②孫過庭：《書譜》。

③石濤：《苦瓜和尚畫語錄・了法》。

界。能達到這種境界的藝術，即是唐朝書法家張懷瓘《書斷》及朱景玄《唐朝名畫錄》中所說的「神品」，或黃休復《益州名畫錄》中所說的「神格」。古代關於「神品」或「神格」的規定，大都是從《周易》關於「神」的思想出發的，或至少在語義上是與《周易》中所說的「神」的概念相通的。

在風格上，「神品」或「神格」，往往具有合乎自然、不為規矩法度所囿或超出規矩法度之上，非人力所能為的特徵。

交、感

宇宙生命變化、發展的根本原因在於陰陽兩種相反力量的相互作用。這種作用——據《周易》看來——同時也即是一種交感作用。

東晉佛學家惠遠認為「《易》以感為體」①，即「感」是《周易》解釋宇宙生命變化、發展的依據，也是理解《周易》思想的關鍵。從「感」的觀念出發，《周易》認為感（或交）是天地萬物生命產生、生長、變化、發展的關鍵或原因：

「天地感，而萬物化生，聖人感人心，而天下和平。」（《象辭上傳・咸卦》）

「天地交而萬物通也，上下交而其志同也。」（《象辭上傳・泰卦》）

「天地交，泰。」（《象辭上傳・泰卦》）

「天地不交而萬物不通也，上下不交而天下無邦也。」（《象辭上傳・否卦》）

「天地不交而萬物不興。」（《歸妹・象傳》）

從這些說法來看，自然及社會人生中的一切變化和發展，都是經由交感作用來實現的。沒有交感作用，也就沒有天地間的萬事萬物，同時也就沒有一切事物的順利發展（「通」）。

就《周易》一書來看，「交」字共出現了十四次，「感」字共出現了七次。

①劉義慶：《世說新語・文學》。

這兩個字的意思相近，而且與「應」、「合」、「與」、「遇」、「接」、「通」、「配」、「摩」等字相通。從《繫辭下傳》中所說的「天地絪縕，萬物化醇。男女構精，萬物化生」來看，「交」、「感」二字的含義很顯然是從男女交媾、男女相悅的意義上引申出來的。但《周易》中所講的「交感」，又不僅僅限於男女交媾、男女相悅。

事實上，交感是存在於宇宙萬物生命之中的一種普遍的交互作用，而且正由於有了這種作用，宇宙生命萬物才能得以興旺發達，才能互相關聯並構成一個秩序井然的整體。

因此在思想上，《周易》的交感觀念同它的天人合一思想、天地陰陽有規律的變化的思想及「保合大和，乃利貞」的思想，是完全一致的。在《周易》的思想中，整個宇宙實質上即是一個處在普遍的交感作用之中的動態結構，而交感即是這一結構的樞紐，同時也是聯結萬物，使其「親」、「和」的紐帶。

從《周易》一書中的具體論述來看，「交」或「感」的含義主要表現在以下三個方面：

第一，它指的是存在於天地、陰陽、剛柔、男女、屈信（伸）、愛惡、情偽、遠近、上下等一切對立雙方之中的一種普遍的交互作用。所有的事物，無論遠近與異同，均可發生交感作用。

第二，它指的是一切相互對立的事物之間的協調、和諧與交融。在涉及到彼此相異和相互對立的事物時，《周易》即用「交」、「感」來強調雙方的彼此協和與融通，如「天地交而萬物通也，上下交而其志同也」。從這個意義上說，交感作用實即是一種親和作用。

第三，它指的是宇宙萬物生命之間的一種精神意義或情感意義上的交流作用（由此可知，「交」、「感」並不只是一種物質意義上的交互作用）。如《彖辭傳》說「天地感而萬物化生，聖人感人心而天下和平。觀其所感而天地萬物之情可見矣」及《繫辭下傳》中所說的「愛惡相攻而吉凶生，遠近相取而悔吝生，情偽相感而利害生」，均涉及到了情感交流的意思。因此，「交」有交融、交流的意思，「感」則有感動、感染及感化的意思。這一層意思，可以說是「交」、「感」的主要含義，也是《周易》作者立論的本意（其中包括提倡「仁道」、「德治」，反對武力攻伐的政治主張在內）。

在《周易》中，交感的思想並不是針對美和藝術問題提出來的，但卻對中國古代的美學研究和藝術創作產生了重要的影響。這種影響主要表現在古人對藝術的起源、本質、功能及藝術中主、客關係的解釋上。在中國古代美學中，用《周易》所提出的交感思想來解釋藝術的起源、本質、功能及藝術中的主、客關係問題，可以說是一個普遍被接受和認可的看法，如：

音樂——「凡音之起，由人心生也，人心之動，物使之然也。感於物而動，故形於聲。聲相應，故生變。變成方，謂之音。比音而樂之，及干戚羽旄，謂之樂。」（「樂」，包括舞蹈在內）①

文學——「氣之動物，物之感人，故搖蕩性情，形諸舞詠。照燭三才，暈麗萬有；靈祇待之以致饗，幽微借之以昭告；動天地，感鬼神，莫近於詩。」②

書法——「書之為妙，近取諸身，……必能傍通點畫之情，博究始終之理。……象八音之迭起，感會無方。」③

繪畫——「夫以應目會心為理者，類之成巧，則目亦同應，心亦俱會。應會感神，神超理得。……又，神本亡端，棲形感類，理入影跡。

誠能妙寫，亦誠盡矣。」④

從以上的論述來看，中國古代美學家和藝術家，主要是從人對外物的感受及藝術作品對人的感染作用的角度來看待藝術的。這種以「交感」為出發點的藝術觀念，可稱之為「交感論」。它既不同於西方自古希臘到十九世紀中期以模仿為出發點的藝術觀念（「模仿論」），也不同於西方自十九世紀中期以後以表現為出發點的藝術觀念（「表現論」），而且在對藝術的起源、本質、功能及藝術中主、客關係問題的認識上，均具有不同於「模仿論」、「表現論」的、相當深刻的理論價值。

首先，「交感論」強調主體同客體之間的交互、感染作用，同時也就明確肯

①《禮記．樂記》。
②鍾嶸：《詩品．序》
③孫過庭：《書譜》。
④宗炳：《畫山水序》。

定了藝術的根源在於外部的客觀事物，即「物」是「感」和藝術的對象與前提。但「交感」又不是純客觀的觀察或認識，而是人與物即主體與客體之間的一種情感交流，即以人對外部客觀事物的感動為主要內容和契機。

因此，「交感論」與單純強調對外物進行如實模仿的「模仿論」是不一樣的。與那種把藝術等同於科學、把審美等同於認識的觀點（如意大利文藝復興時期美術家達芬奇所提倡的「繪畫是一門科學」之類的觀點）也是不一樣的。

其次，「交感論」強調主體同客體之間的情感交流作用，但這種情感交流的發生，是以物的存在及人與物的交互作用為依據的。因此，「交感論」在涉及到藝術與情感的關係問題時，所提出的看法，也不同於單純強調內心表現的「表現論」。

再次，「交感論」強調藝術對人心的感化作用（甚至對天地、「鬼神」的感動作用），而這種感化作用，是以情感的感染、協調為內容的，而不是以抽象的邏輯論證和道德說教為內容的。因此，藝術發揮作用的基本方式，從形式上看，乃是一種自然而然的、充滿情趣的潛移默化，而不是一種強制性的、枯燥乏味的、抽象空洞的說教。

唐朝詩人白居易在《與元九書》中說：「聖人感人心而天下和平，感人心者，莫先乎情，莫始乎言，莫切乎聲，莫深乎義。」這個看法即直接淵源於《周易》，並且相當準確地說明了藝術對社會人生起作用的方式。

文

《周易》的「交感」思想，從一個側面說明了宇宙生命萬物的相互作用，而它的「天文」、「人文」思想則更進一步說明了這種作用的合規律性。從美學上看，「交感」概念的提出，為後世對藝術起源、本質、功能等問題的解釋提供了理論上的依據，而「天文」、「人文」概念的提出，則不僅為藝術起源、本質、功能等問題的解釋提供了有力的佐證，而且也為藝術作品的形式結構問題的解釋和藝術中對形式美的追求，提供了堅實的理論前提。

一、「文」的含義

「文」是《周易》，同時也是整個儒家美學中的一個十分重要的範疇。從詞源上看，「文」的最初含義是指自然事物的色彩和花紋，如《山海經・中山經》中所說的「其上有石焉，名曰帝臺之棋，五色而文」，即指石頭的色澤和紋理。此外，「文」有時也用來指人體和器具的裝飾或紋飾。在這個意義上，「文」與「紋」是同一個意思。如《左傳·桓公二年》中所說的「火、龍、黻、黼，昭其文也。……文物以紀之」，即指器物上的圖案紋樣。

在儒家思想中，「文」的含義非常廣泛，如春秋思想家、教育家孔子（前五五一—前四七九）所謂「鬱鬱乎文哉，吾從周」①，這個「文」的含義就決非單指自然事物的色彩、花紋或人體、器具的紋飾，而且也包括各種以文字、文獻記載下來的文物典章制度或通過言語、動作、行為體現出來的道德禮儀規範。——或者說，主要指的是一切與倫理道德相統一的美的形式。

在《周易》的思想中，「文」基本上保留了上述各項含義，同時又有新的引申和發揮。

首先，《周易》把「文」同卦象聯繫起來，意指卦象中陰爻和陽爻的相互關聯或相互錯雜，在這個意義上，「文」指的是《周易》的卦象。

其次，《周易》也把「文」同天地生命的變化聯繫起來，並明確地把「文」區分為「天文」和「人文」兩個不同類型，而且指出「天文」是「人文」的基礎或前提。如《彖辭傳》中說：「觀乎天文以察時變，觀乎人文以化成天下。」因此，在《周易》對「文」的解釋中，既繼承了儒家的看法，同時也吸收了道家的看法，而且還保留了「文」的古義——即自然事物的色彩、花紋、條理。

再次，《周易》還把「文」同天地生命的變化發展規律及人事的吉凶、禍福聯繫起來，認為「文」有當與不當之分，即在卦象上，只有當陰陽爻處在恰當的位置上時，或構成一個合規律的、和諧的結構時，「文」才是美的和吉利的。如《彖辭傳》中所說：「柔來而文剛，故『亨』。」在《周易》的思想中，「文」不僅僅是物物相雜，而且還意味著陰陽、剛柔的、合規律的變化。

這也就是說，《周易》不是單純地考慮「文」的形式方面，而是從宇宙生命的變化、發展這個總的出發點來看待、理解「文」的。因此，從《周易》的觀點看，「文」不是一種靜態的結構，而是宇宙生命變化、發展規律的感性表現。它是美的、合規律的，同時也是吉利的，有助於宇宙生命的健康正常發展的。

①《論語·八佾》。

二、「天文」、「人文」的關係

《周易》對「文」的解釋中最有影響的觀點是它對「天文」、「人文」及其相互關係的論述。這種論述既極大地擴展了儒家關於「文」的理論，而且也深深地影響了後世美學中對自然美和藝術的起源、本質及形式美等問題的解釋。

(1)「天文」：「天」即自然，「天文」即自然之文。但如前所述，「文」在《周易》中首先是指卦象的構成，因此，要了解「天文」的含義，首先應從卦象的構成著手。從卦象的構成而言，「天文」的概念是與《彖辭傳》中所說的「柔來而文剛」及「剛上而文柔」分不開的。賁卦在結構上由離、艮兩個經卦相重而成，其中離在下（在內），艮在上（在外），在性質上，離屬陰，為柔，艮屬陽，為剛。

《周易集解》引鄭玄注云：「離為日，天文也。艮為石，地文也。天文在下，地文在上，天地二文相飾成賁者也。」但《周易》並沒有專門論述天文、地文的區別，而是認為「剛柔交錯，天文也」。因此，「天文」在《周易》中指的是剛柔交錯，或陰陽交錯、天地交錯。在外延上，它既包括天文，也包括地文。用現在的話說，「天文」指的是日月星辰（天）、山河大地（地）的運動、變化及其相互關聯所呈現出來的整個自然界的美。

在《周易》中，「天文」具有察時變、明吉凶的認識意義，但同時也具有「剛柔交錯」、「二文相飾」的審美意義。十九世紀美國詩人杰拉德·霍普金斯（一八四四—一八八九）在其名篇《斑爛的美》中說：

「神的偉力創造了斑爛之美——
那是烏雲與白雲，猶如牛身上的黑白花紋。
那是灑在鱒魚背上的深紅色斑，
那是熊熊炭火裡散落的栗子，
那是梅花雀的翅膀，
那是美麗的田野——
一排荒閒，一塊耕耘，錯雜縱橫，廣闊無垠。
那是排列整齊的店鋪，裝點入時，花樣翻新，
萬物中存在著數不盡的對比和反襯，粗樸、奇特、單純……」①

儘管《周易》的作者並不像這位曾任神父之職的美國詩人那樣，把自然界的美歸功於至高無上的神的偉力，但卻以抽象的卦象為我們揭示了同樣的美，並在「雲行雨施，品物流形，大明終始，六位時成」，「日月麗乎天，百谷草木麗乎地」，「在天成象，在地成形」，「鼓之以雷霆，潤之以風雨，日月運行，一寒一暑」這樣一些話中，對天地自然之美，進行了生動的描繪。

(2)「人文」：在《周易》中，「人文」是與「天文」相對的。《彖辭傳》中說：「文明以止，人文也。」在這裡，「人文」與「天文」一樣，首先同卦象有關。從賁卦的卦象看，下卦離為火，象徵明，上卦艮為山，象徵止，故稱「文明以止」。但僅從卦象上看，「文明以止」這句話的含義是不清楚的。《易傳》作者對賁卦的解釋顯然是以儒家的思想為出發點。而在儒家的思想中，「止」是「止乎禮儀」、符合禮儀的意思，指的是一種適度的、不過分的或不「過火」的行為，並且同尊卑上下的名分及社會的秩序與規範大有關係。

《周易》艮卦中說：「艮，止也。時止則止，時行則行，動靜不失其時，其道光明。」這裡「止」字的意思與順天應時的觀念相關，同時也與符合禮儀所規定的名分及合乎禮儀節度的行為有關。

因此，「人文」的概念所包含的主要意思是與道德禮儀及道德禮儀對人心的感化、「淨化」、「照亮」、「節制」有關的。從其表現形式上看，「人文」的核心內容是禮，以及一切與禮相符的文物典章制度（尤其包括與禮密切相關、對人具有重要的教化功能的詩和樂）。

用現代語言來說，「人文」相當於我們今天所說的「精神文化」或「精神文明」。「人文」的功能一方面在於「感化人心，使天下和平，萬國咸寧」，但另一方面也意味著創造和諧的社會秩序，用「文」來改造人心，裝飾和美化生活。

荀子說：「凡用血氣、志意、知慮，由禮則治通，不由禮則勃（悖）亂提僈（慢）；食飲、衣服、居處、動靜，由禮則和節，不由禮則觸陷生疾；容貌、態度、進退、趨行，由禮則雅，不由禮則夷固僻違，庸眾而野。」即使是單純的禮，本身也具有規範人的行為的道德意義，和使行為藝術化（和、雅）的審美意義。

因此，從美學的角度而言，「人文」這個概念是與社會生活的美直接相關

①轉引自瓦爾特・麥勒斯：《設計家手冊》卷首，中國青年出版社，一九八八年版。

的，同時也是與一切根源於社會生活的藝術的美直接相關的。

⑶「天文」、「人文」的關係：《繫辭上傳》說：「天地變化，聖人效之。」在《周易》的思想中，從頭至尾都充滿著這一類聖人或大人效法天地的看法。而聖人或大人，又往往被奉為社會及其各種文物典章制度的創造者，因此很自然地，「人文」也是根據「天文」創造出來的，並且其結構、秩序及變化也是與「天文」相一致的。就二者的關係而言，「天文」在前，「人文」在後，「人文」效法「天文」並與「天文」相一致。

從美學上看，「天文」與「人文」相互關聯或「人文」與「天文」相一致的看法，同時也就肯定了自然事物的美與人類社會生活的美及藝術作品的美，具有不可分離的一致性。這個看法在中國古代美學與文藝中占有十分重要的地位。古人對自然的看法，從來都不把它看成是與人無關的對象，而對藝術的看法，則總是要求其盡可能合乎自然（即盡量減少人工雕琢的痕跡），以自然為師。這種看法同《周易》的思想是大有關係的。

象與意

《周易》中「文」的概念有時特指卦象。而且事實上，前面所講的所有概念都同卦象有關，或者說都是圍繞卦象的解釋而確立的。因此，「象」在《周易》中也是一個極為重要的範疇，而且圍繞著卦象的解釋引申出來的「象」與「意」的關係問題，也是《周易》的一個主要問題。

從美學的角度來看，「象」與「意」的關係問題，直接牽涉到美和藝術的創造，尤其在中國古代的美學理論和文藝創作中，「象」與「意」的關係問題，自《周易》之後就一直是一個帶根本性的問題。

一、「象」的含義

《周易》中所講的「象」，有兩層最基本的含義：

第一是指卦象，如《繫辭上傳》所說的「八卦以象告」，「《易》者，象也」。這是「象」的主要含義。

第二是物象，或卦象所模擬、指代、象徵的客觀事物的形象，如《繫辭上傳》所說的「在天成象，在地成形，變化見矣」，即特指客觀事物的形象。

此外，《繫辭上傳》說「聖人有以見天下之賾，而擬諸形容，象其物宜」，《繫辭下傳》說「象也者，像也」，因此，「象」也可指卦象與外物的一種相似、相象的關係。由此可知，卦象是經由觀察、模擬天地萬物的形象而來的，卦象之「象」與天地萬物之「象」具有彼此對應、相通或一致的關係。

二、卦象的特徵

《周易》所說的卦象，雖不是有意創造出來的藝術形象，但卻包含了一些與藝術形象類似、相通的特徵，即：

第一，卦象是感性具體的。「見乃謂之象」（《繫辭上傳》）。同樣地，所有的藝術創造都離不開具體可感的形象，即「藝術是用感性形象化的方式把真實呈現於意識」①的，只有經由感性形象，藝術的「心靈性的內容」才能被人所掌握。

第二，卦象是對現實事物的結構、規律的模擬和反映。《周易》繼承和發展了遠古時期「效法自然」的思想，並將之提升到前所未有的高度，使之成為人們從事一切創造性活動的基本準則。《周易》的作者認為，卦象是「聖人」通過觀察「在天成象，在地成形」的各種具體事物的形象而創造出來的。但與此同時，卦象又並不是對天地萬物的如實模仿和再現。《周易》所說的「象天」、「法地」，皆非對天地萬物的形象性的、客觀真實的描繪，而只是對其結構、規律的象徵性的比擬和暗示。

而所謂「天地變化，聖人效之」，也僅僅指的是人的行為必須符合自然變化的規律，以及倫理道德規範與自然界的結構關係的內在一致性。從卦象上看，從八卦到六十四卦所反映的都不是任何具體事物的形態，而是宇宙生命變化、發展中普遍存在的陰陽變化規律和由陰陽的相互作用所構成的內在結構與秩序。所謂「象也者，像此也」，也即是以陰、陽爻的交替、組合、變化來顯示宇宙生命的變化、發展規律（即「道」）。

《周易》的這種符號模擬法，對中國古代美學及藝術創作產生了很重要的影響。從藝術上看，中國藝術並不排斥外部事物的再現，「師法自然」的觀念始終

①黑格爾：《美學》，商務印書館，一九八六年版，第一卷，第一二九頁。

是一切有成就的藝術家的共同主張，但是，中國藝術同時又反對僅僅侷限於對外部事物的再現，甚至僅僅侷限於對外部事物的形體、狀貌等的再現。

中國藝術要求深入到事物的「內部」，要求揭示事物的內在結構、關係和生命，即要求體現支配事物運動、生長、變化、發展的「道」，從而把藝術的追求提升為一種形而上的哲學追求（這一點，同西方近代藝術的科學追求及中世紀藝術的宗教追求，都是不一樣的）。

第三，由於卦象是對現實事物的結構、規律的模擬和反映，因此，卦象本身也具有合規律的形式結構。即是說，卦象之「象」是「至賾而不可惡」、「至動而不可亂」之「象」，是「相雜」而成「文」之「象」。因此，「象」與「文」的意義相通，而且都與美有關係，與藝術作品的形象有關係。

三、「象」與「意」的關係

《周易》認為「立象」是為了「盡意」。在這裡，「象」是指卦象。而所謂「意」，則可以從多方面去加以了解。從「意」的歸屬而言，這個「意」乃是聖人之「意」，因為卦象據《易傳》看來，是上古聖人的創造。從「意」的含義而言，它可以有三個層次。

首先，它指的是各卦象所指示的東西，也即是經文中所記載的卦的名稱和爻的解釋的具體含義；

其次，它指的是透過卦象、卦名、爻辭等等所表達的聖人對天地人事的看法或聖人對宇宙起源、發生、發展規律（「道」）的認識。由於這一層「意」的介入，卦象超出了卜筮的範圍，而成了一種表達某種世界觀的符號體系。

第三，「意」還可以指卦象創造者的意圖、目的。從《易傳》作者的看法來看，聖人創造卦象可謂用心良苦，意味深長。之所以用心良苦、意味深長，原因在於聖人創造卦象的意圖或目的並非僅僅為了認識外在的自然規律，而是要由認識外在的自然規律去找到使社會繁榮、道德昌明、人生幸福、天下太平的正確途徑。所以《繫辭下傳》說：「作《易》者，其有憂患乎？」而所謂「憂患」，總是基於對現實社會和人生的認識和感受，同時又包含著對理想的社會和人生的嚮往在內。因此，《易傳》作者所設想的「聖人」，乃是懷著對人世的憂患和悲憫，同時又充滿著積極進取精神的先知。

從《彖辭傳》、《象辭傳》、《繫辭傳》的思想來看，所謂「意」，主要不是指卦象的表面含義，而是指寓於這種表層含義之內的聖人對宇宙、社會、人生的看法和對一個圓滿的宇宙，特別是一個圓滿的社會人生的熱切嚮往。從這個意義上說，《周易》中所說的「意」，又可以進一步從以下三個方面加以規定：

第一，這種「意」是和聖人（包括君子）建功立業的志向、道德人格的完善、以及社會國家的治理、天下安寧的實現等等密切相關的。《繫辭上傳》說：「子曰：『夫易何為者也？夫易開物成務，冒天下之道，如斯而已者也。』是故聖人以通天下之志，以定天下之業，以斷天下之疑。」「意」在這裡首先是指儒家所謂「治國平天下」、「經邦濟世」的遠大志向。

第二，這種「意」不是一些純粹抽象的道理，也非與人事無關的自然規律，而是同個體的志向、情感、理想、作為、成敗等等密切相關的東西。《繫辭下傳》說：「設卦以盡情偽」，「聖人之情見乎辭」，「作《易》者，其有憂患乎？」可見「象」所盡之「意」，決非抽象孤立的道理，而是情理兼備或情理交融之「意」。

第三，這種「意」不是「言」所能盡之「意」，而是唯有「象」所能盡之「意」。因此，這種「意」具有深微神妙的特徵。《繫辭上傳》說：「夫

《易》，聖人之所以極深而研幾也。唯深也，故能通天下之志；唯幾也，故能成天下之務；唯神也，故不疾而速，不行而至。」「象」所盡之「意」之所以具有深微神妙的特徵，其根本的原因在於這種「意」顯示了具有同樣特徵的宇宙生命的運動、變化、發展規律。而這種規律，本身也非言語所能窮盡。孔子說：「天何言哉？四時行焉，百物生焉，天何言哉？」①

在《文言傳》中也說：「乾始能以美利利天下，不言所利。」天的偉大、神奇正在於不以言告，而以象告。天雖不言，卻以「雲行雨施」、「品物流形」之類具體的形象來顯示其偉大和神奇。同樣地，聖人之「意」也如天之顯示其偉大、神奇一樣，不以言告，而以象告。

《周易》關於「象」、「意」關係（附帶地，還有「言」、「意」關係）的看法，在中國美學史上產生了深遠而廣泛的影響。同時，《周易》中「象」、「意」及「象」、「意」的關係問題，本身與藝術創造也是相通的。在藝術創造中，一方面需要創造具體可感的藝術形象，另一方面又需要經由藝術形象來傳達

①《論語・陽貨》。

有關社會人生的思想情感內容。因此，在藝術中，如何使表現於外的具體形象同蘊含於內的思想情感內容協調、統一起來，就成了一個至關重要的問題。而且，在藝術中，其思想情感內容並不是純理性的思考和討論，因此，也同樣不能透過語言（抽象語言）來加以直接的解釋和說明，而只能通過具體的藝術形象來加以表達。

數

在《周易》中，「數」是與「象」、「文」相關的一個重要範疇。

數的認識涉及到事物的量的方面。任何具體的、可見的事物均有質和量兩個方面，而數即是事物的量的規定或表現。從量的方面來看，事物內部各部分的關係或事物與事物之間的關係，首先即是數的關係。無論是自然事物還是人工產品，均離不開數的制約。

古希臘哲學家畢達哥拉斯（約前五八〇—約前五〇〇）認為，數是萬物的始基，宇宙是由數構成的。「萬物的始基是『一元』。從『一元』產生出『二元』，『二元』是從屬於『一元』的不定的質料，『一元』則是原因。從完滿的

『一元』與不定的『二元』中產生出各種數目；從數目產生出點；從點產生出線；從線產生出平面；從平面產生出立體；從立體產生出感覺所及的一切物體，產生出四種元素：水，火，土，空氣。」①他認為「數目」的基本元素就是一切存在物的基本元素，認為「整個的天是一個和諧，一個數目」②。

畢達哥拉斯對數的認識明顯地帶有唯心主義的色彩，正像亞里士多德所批評的那樣，他（以及他的學派）最大的失誤就是「不從感覺對象中引導出始基」③，因此他所說的「數」是抽象的、神秘的。但是儘管如此，畢達哥拉斯對數的認識仍有其合理的地方，並且對西方的數學理論以及音樂中關於弦長與音高的關係、樂曲的節奏、樂音的和諧的看法，對建築、雕塑、繪畫中關於比例和協調的看法，均產生了深遠的影響。

與畢達哥拉斯不同，《周易》對數的認識是同它對天地的看法相關的。《周

①《古希臘羅馬哲學》，商務印書館，一九八二年版，第三十四頁。
②《古希臘羅馬哲學》，商務印書館，一九八二年版，第三十七頁。
③《古希臘羅馬哲學》，商務印書館，一九八二年版，第三十九頁。

易》講「天一，地二，天三，地四」等等，是先言天、地，後言數，數是用以代表、說明天地的。不是數決定天地，而是天地與數相關。《周易》所講的以蓍草演算求卦的全部程式和算法中，均包含著天地變化的意思在內，並與天文歷法相聯繫。

其次，《周易》對數的認識是同它對陰陽的認識相關的。《周易》並不像畢達哥拉斯那樣，認為數是決定世界的本質的東西，而是認為「一陰一陽之謂道」才是決定世界的本質的東西。《周易》中所講的「數」，是用來說明天地的變化，同時也是用來說明陰陽的變化的。

第三，《周易》中所講的「數」是同卦象及卦象的構成直接相關的。從卦象本身來看，數即包含在卦和爻當中。就爻而言，陽爻「⚊」是1，陰爻「⚋」是2（由此推之，凡奇數如1、3、5、7、9為陽，凡偶數如2、4、6、8為陰）。就卦而言，「陽卦奇，陰卦耦」（《繫辭下傳》），乾為3，震、坎、艮為5；坤為6，巽、離、兌為4（反過來說，凡含奇數的卦為陽卦，凡含偶數的卦為陰卦）。

第四，《周易》中所講的「數」是同人事相關的。由於它同卦象相關，而卦象又是用來說明人事的，因此，《周易》中所講的「數」同人事中的吉凶、禍福等功利性的觀念也是有聯繫的，如《繫辭下傳》所說「二多譽，四多懼」、「三多凶，五多功」。

第五，《周易》中所講的「數」是同具有審美意義的「文」相關的。無論是「天文」還是「人文」都含有不同事物相互錯雜的意思在內，或者是「天地之雜」，或者是「物相雜」，或者是「六爻之錯」①，「錯」或「雜」的前提是「多」。「聲一無聽，物一無文」②，一聲不足以成聽，一物不足以成文。只有多樣的事物錯雜在一起，才能成為「文」。而這「多」與「一」的關係，也就是數的關係。因此，數與文相關，文也離不開數。故《繫辭上傳》中說：「參伍以變，錯綜其數。通其變，遂成天地之文；極其數，遂定天下之象。」

《周易》對數的認識，對中國古代的各門藝術均有一定程度的影響。尤其對中國古代藝術中對結構及其變化的審美表現，產生了很重要的影響。中國古代藝

①王弼：《周易略例・明象》。

②《國語・鄭語》。

術在再現外部事物的時候，雖不太重視細節的刻畫和比例的精確，但卻十分重視再現外部事物的結構和變化。雜亂無章，雜而不成「文」，歷來是中國藝術的大忌。中國古代藝術對外部事物的結構和變化的再現，可以說充分地體現了《周易》中所提出的「參伍以變，錯綜其數」的思想。在變化中求結構，在結構中求變化，或在雜多中求統一，在統一中求多樣，歷來是中國藝術家所致力的目標。音樂、舞蹈中各種聲音、動作的協調，書法、繪畫中各種線條的穿插乃至色彩的對比與調和，均可以說是這種思想的具體表現。

雖然中國藝術家並沒有提出過系統的比例理論，也沒有或極少提出為藝術創作所必須遵循的數學公式，但中國藝術家卻在對宇宙萬物的結構和變化的認識基礎上，成功地解決了藝術創作中「一」與「多」的關係問題。如石濤《畫語錄》中提出的「一畫」概念，即涉及上述問題的解決，而且在思想觀念上，與《周易》有密切的關係。

中、和

《周易》一書始終對「中」、「和」問題非常重視。「中」、「和」這兩個概念歷來同美有關係——在儒家美學中更是如此。就《周易》而言，《文言傳·乾文言》中所說的「保合大和」、「剛健中正」，均包含著美的意義在內。

一、「中」的含義

「中」的觀念起源甚早，在先秦文獻中，可以找到大量的例證，如「觀於五刑之中」，「率自中，無作聰明亂舊章」①，「夫有和平之聲，則有蕃殖之財。於是乎道之以中德，咏之以中音，以合神人，神是以寧，民是以聽」②等等。

《周易》也多次使用「中」字，其意義約有三層：

第一，「中」指爻位，具體地說，指第二爻和第五爻。第二爻處於下卦的中間，第五爻處於上卦的中間。這兩爻的位置稱為「中位」，處在中位上的爻被認為是「在中」、「得中」、「中行」、「行中」、「中未變」（或「剛中」——陽爻處中位，「柔中」——陰爻處中位）。凡處在中位的爻，其占多為「吉」、

① 《尚書·周書》。

② 《國語·周語下》。

「利」或「無咎」，即《繫辭下傳》所謂「二多譽」、「五多功」。若得中而當位（即第二爻為陰，第五爻為陽）或得中而應（即第二爻、第五爻分別為陰為陽，彼此呼應），則又比單純的「在中」更吉利。

第二，「中」指中心或內心（心中），如「中不自亂」，「中心願也」，「中心得也」（均見《象辭傳》），「美在其中，而暢於四支」（《文言傳・坤文言》）。

第三，「中」指適度的行為，即王弼注《繫辭傳・上》所說的「不過」和朱熹《周易本義》中所說的「中者，其行無過不及」。這一層含義與古代倫理道德思想中所強調的節制慾望、約束行為的觀念直接相關（《周易》對「節」是很重視的，參見節卦的解釋）。道德倫理的形成，在一定意義上說即是節制慾望、約束行為的結果。節制和約束既是人生幸福的保障，也是維繫社會正常發展的關鍵。荀子說：「人生而有慾，慾而不得，則不能無求，求而無度量分界，則不能不爭。爭則亂，亂則窮。先王惡其亂也，故制禮義以分之，以養人之慾，給人之求。」①這種強調節制、約束和適度的思想，在西方思想中也可看到。古希臘哲學家中，有不少人均對此給予充分的論述，如：

「中等的財富比巨大的財富更可靠。」

「那些有一個很平衡的性格的人，過著很規律的生活。」

「恰當的比例是對一切事物都好的，不論豪富或赤貧在我們看來都不好。」

「人們透過音樂上的節制和生活的寧靜淡泊，才得到愉快。」（德謨克利特）

「節制是一種秩序，一種對於快樂與慾望的控制。」（柏拉圖）

「中庸適度乃是最好的。」

「任何一種技藝的大師，都避免過多或不足。」（亞里士多德）②

對於剛剛從野蠻走向文明的社會來說，恪守中道，有效地約束人的動物性尤

①《荀子・禮論》。

②上引各條分別見《古希臘羅馬哲學》，商務印書館，一九六二年版，第一〇七、一〇九、一一一、一一五、二二五、三二九、三三〇頁。

為重要。因此，適度的原則在古代思想中占有十分顯著的地位。

《周易》對「中」的規定主要是從倫理道德的意義上出發的，但同時也與美和藝術有關。

從形式上看，「中」的概念與平衡對稱的形式美法則密切相關。最明顯的例子是古代的宮廷建築，多半是以中軸線為主幹，取兩側對稱的格局，以造成穩重、大方、開闊、莊嚴的氣勢。其它的藝術雖不一定都遵循嚴格的對稱法則，但卻無一例外地要有主次之分，並經由各構成要素的相互制約，使作品達到總體上的平衡。

從內容上看，「中」的概念與藝術創作中思想情感的適度或有節制的表現密切相關。如《漢書》上所說「清厲而哀，非興國之專用也」①，「夫啾發投曲感耳之聲，合之律度淫哇而不可聽聲者，非《韶》、《夏》之樂也」②，即是要求音樂中情感的表現應有所節度。在儒家思想中，凡被認為是優秀的、盡善盡美的藝術作品，其對人的思想情感的表現從來都是適度的、有節制的或含蓄的。這種主張儘管在明末清初之際受到了很大的衝擊，但其合理性卻並未有絲毫動搖。原因在於藝術作品對人的思想情感的表現，本身必須受制於藝術作品的形式。

正如英國表現主義美學家埃德加·卡裡特所說：「無形式的激情，是帶有動物性野蠻特點的新酒；優雅而無激情的詩句，則是藝術在文化的舊瓶中所殘留的沉澱物。」③由於形式的仲介作用或轉換作用，激情被降低了原有的強度，而趨於相對的純淨和穩定。

用柯林伍德、蘇珊·朗格等美學家的話來說，即藝術對情感的表現不等於情感的「渲泄」或「暴露」。儘管表現的強度各有不同，但沒有一個藝術家真能表現出他心中所有的情感，並傳達出本來的強度。這一點，正是儒家以「中」為表現尺度的思想之所以仍有其合理性的原因之一。

這就是說，藝術對思想情感的表現只能是適度的表現，差別只在於對「度」的把握程度不同。對儒家而言，這個「度」就是與倫理道德相符的「中」。

①《漢書·王莽傳》。
②《漢書·敘傳》。
③埃德加·卡裡特：《走向表現主義的美學》，光明日報出版社，一九九〇年版，第二二〇頁。

二、「和」的含義

「和」的概念與「中」的概念相關卻並不完全相等。「和」的概念的內涵比「中」更複雜，外延也更大。

從歷史上看，「和」的概念的提出早於《易傳》。在《尚書》、《左傳》、《國語》等書中，均已包含著「和」的思想。如：

「詩言志，歌永言，聲依永，律和聲。八音克諧，無相奪倫，神人以和。」①

「先王之濟五味，和五聲也，以平其心，成其政也。」②

「和協輯睦於是乎興。」③

「和」在中國古代是一個被廣泛使用的概念，而且同美和藝術的創造均有著十分密切的關係。

在《周易》（《易傳》）成書之前，「和」的含義主要有三個方面：一是指人的生命活動與自然規律的協調一致；二是指個體生命與群體發展的協調一致，即社會、人際關係的和諧或個體行為的協調、約束；三是指音樂、舞蹈等藝術的和諧或構成藝術作品諸要素的協調一致。

此外，它有時也包括自然界生成、發展過程中所體現出來的、和諧的秩序和個人的各種慾望及觀念的有效調節。總之，「和」所指的事實上包括整個宇宙的和諧，天、地、人三者的協調一致以及它們各自的和諧秩序。從抽象的意義上看，「和」同時包括多樣統一的含義在內。

《周易》也曾多次提到「和」，如「聖人感人心，而天下和平」（《彖辭傳》）、「鳴鶴在陰，其子和之」（《中孚》）、「和順於道德而理於義」（《說卦傳》），並還談到「與時偕行」，「與天地合其德」（《文言傳‧乾文言》）等等，這裡的「偕」、「合」二字在語義上皆與「和」相通。

《周易》對「和」的看法，既吸收了前人關於「和」的基本思想，同時又有

①《尚書‧虞夏書》。
②《左傳‧昭公二十年》。
③《國語‧周語》。

所補充和發揮，並提出了一個新的概念——大和。「乾道變化，各正性命。保合大和，乃利貞。」（《彖辭傳》）從「大和」這個概念來看，《周易》所理解的「和」有它自己的特點：

第一，《周易》所講的「和」或「大和」是與「利貞」的觀念和「乾始能以美利利天下」的功能分不開的——在這個意義上說，和或太和是利的保障，或是以利的實現為基礎的。

第二，《周易》所講的「和」或「大和」是與「生」相聯繫的。儘管《國語・鄭語》中有「夫和實生物，同則不繼」的話，《荀子・天論》中也曾談到「萬物各得其和以生」，但前者是從多樣統一的意義上來講的，後者則未對「和」與「生」的關係作更進一步的解釋。因此可以說，從萬物的生成、發展的意義上來講「和」，把「和」同「生」聯繫起來，是從《周易》開始的。這種看法同本書第一章第一節所講的「美與生命的關係」問題有著直接的聯繫。

第三，《周易》中所講的「和」或「大和」是同「各正性命」的觀念聯繫在一起的。「各正性命」的意思是指萬事萬物都按照它們各自的特性（本性）順利發展，彼此不相妨礙。如「水流濕，火就燥，雲從龍，風從虎。……本乎天者親上，本乎地者親下」（《文言傳・乾文言》）。正因為萬事萬物都各有各的「性命」或生存、發展的基本特性，並且雖有差異卻能遵從各自的變化軌跡而不互相妨礙、傷害，所以整個世界才能保持一個統一的、和諧的秩序。

總的來看，《周易》所講的「和」或「大和」是宇宙萬物生長變化的合規律性與和諧性的表現，是生命的存在、發展的合規律性與和諧性的表現，同時也是社會及人際關係的確立、變遷的合規律性與和諧性的表現。

儘管《周易》並未直接把「和」或「大和」同美聯繫起來，但事實上這兩者是分不開的。因為事物、生命、社會的合規律的、和諧的、健康正常的發展，本身就能給人以美的感受，而美的產生，同事物、生命及社會發展的合規律性與和諧性，也有著極為密切的關係。

「和」的概念在中西美學史上都曾被提出來加以討論。但是，《周易》對「和」的理解同西方美學——比如說畢達哥拉斯所說的「和諧」是不一樣的。畢達哥拉斯所說的「和諧」是一種由數所決定的形式上的秩序，具有絕對、永恆不變的性質，而且並沒有同生命的發展問題聯繫起來。這是一種靜止的、抽象的、形式上的和諧。而《周易》所講的「和」或「大和」卻不是一種靜止的和諧，而是一種與生命的發展密切相關，並且處在不斷的生長、變化、發展中的和諧。畢達哥拉斯的「和諧」在藝術上往往同比例的協調、形式上的完整無缺有關。具有完美的造型、協調的比例，並表現出「偉大的靜穆」和「高貴的單純」（文克爾曼語）的古希臘雕塑即是明證。而《周易》的「和」或「大和」則趨向於動態的平衡。

從這種觀念出發，中國藝術家所強調的就不是符合某種完美的比例的造型，而是從宇宙生命運動、變化、生長的節奏和韻律，以及充滿生命情調、自然生動的藝術神韻中表現出來的和諧。

第二章　卦象的構成與形式美法則

《周易》一書包含著豐富的美學思想，但這些思想是從對卦象的說明和解釋中引申、發揮出來的，所有的命題、範疇都建立在卦象的基礎之上。從審美的眼光看，六十四卦的卦象儘管隱含著許多深奧的，甚至令人費解的微言大義，但它們本身卻又同時是一組結構嚴謹、具體可感的圖案或圖象。

《繫辭下傳》中說：「爻有等，故曰物。物相雜，故曰文。」又《說卦傳》說：「《易》六畫而成卦。分陰分陽，迭用柔剛，故《易》六位而成章。」「文」和「章」這兩個字在古代同器物上的圖案紋樣有關，並且均包含著美的意義在內。從這個意義上說，卦象也是一種美的形式。這種美的形式，與古希臘哲學家柏拉圖（前四二七—前三四七）所說的「形式美」很相近。他說：「形式美，指的不是多數人所了解的關於動物或繪畫的美，而是直線和圓以及用尺、規和矩來用直線和圓所形成的平面形和立體形。」①

這種對簡單的、抽象的線或形的審美趣味，在西方現代派藝術當中，特別是在抽象藝術當中，可以找到不少很典型的、與卦象構成十分相似或與《周易》的思想頗為相通的範例（見附圖19、20、21、22、23、24）。從美學的角度來看，不表達任何具體物象的、簡單的、抽象的線或形以及這一類的線或形的有秩序的排列，本身即能給人以簡潔、明確、完整的視覺快感。因此，《周易》的卦象既可以作為表意的符號來看待，也可以作為視覺的審美對象來加以分析。

卦象的構成

為了分析卦象構成的審美特徵和其中所體現的形式美法則，首先必須簡略地考察一下卦象的構成。②

卦象是由六個爻構成的抽象圖案（符號），其構成單位是分別代表陽和陰的兩種爻：⚊（陽爻）、⚋（陰爻）。從形式上看，卦象的構成簡單明了而且秩序井然。從它們所包含的意義上看，卦象的構成又具有彼此關聯的內在結構，這種結構既存在於單個的卦之中，也存在於卦與卦之間。

單個卦的結構

單個的卦由六爻組成，其結構也即是六爻之間的內在關係。這種關係主要表現在兩個方面：一是爻的排列秩序（爻位），二是爻與爻之間的相互關係。

一、爻位

由六爻所組成的卦，是一個自下自上的、有序的整體，在意義上象徵事物從發生、發展到轉化的全過程（凡天地間萬事萬物皆有陰陽、剛柔、動靜、開合、順逆、吉凶等互相對立的兩面，且都具有由始而終的發生、發展、變化過程，故此由陽爻、陰爻所組成的自下而上的序列，便具有曲成萬物、彌綸天地、包羅萬象的解釋功能）。從空間形式上看，每一卦的各爻所處的位置都不一樣，即六爻有六位。根據各爻所處的位置，《周易》將爻位分成上位、中位、下位、陰位、

①柏拉圖：《文藝對話集》，人民文學出版社，一九八八年版，第二九八頁。

②本書所講的卦象構成，僅涉及其中同美學有關係的幾個主要方面。

陽位、天位、人位、地位等不同的等次，如乾卦各位（見下表）。在各爻的排列上，《周易》提出了兩個重要的概念，即「得位」（當位、得正）和「中」（在中、中行）。「得位」指陽爻在陽位，陰爻在陰位；「得中」指陽

爻	爻名	位	陰陽	三才
⚊	上九爻	上位	陰位	天位
⚊	九五爻	中位	陽位	
⚊	九四爻	下位	陰位	人位
⚊	九三爻	上位	陽位	
⚊	九二爻	中位	陰位	地位
⚊	初九爻	下位	陽位	

爻或陰爻在中位。「得位」和「得中」的結合即是「中正」，如乾卦的九五爻。在《周易》看來，「得位」、「得中」和「中正」通常都是吉利的或無害的。

從意義上看，這種說法同禮儀所規定的等級、名分及儒家所主張的「中」、「和」觀念有關。「得位」即各得其位，「不思出其位」，「各正性命」，「得中」即動靜得宜，「其行無過不及」①。抽象地說，二者的基本含義就是適當、適度或適宜。

二、爻與爻的相互關係

在卦象的構成中，每一爻與其上下各爻都是相互聯繫的。其聯繫主要表現在

承、乘、比、應四個方面。

(1)承與乘：承與乘均存在於陰爻與陽爻之間（即陰爻與陰爻、陽爻與陽爻之間不存在這兩種關係）。如果陽爻在上，陰爻在下，則在下的陰爻對在上的陽爻的聯繫就是承。相反，如果陰爻在上，陽爻在下，則在上的陰爻對在下的陽爻的聯繫就是乘。如在頤卦中，六五爻對上九爻的聯繫即為承，六二爻對初九爻的聯繫即為乘。在《周易》的思想中，承是「順」，乘是「逆」，故王弼說：「承乘者，逆順之象也。」②「承」通常含有「吉」的意思，而「乘」則通常含有「凶」的意思。但抽象地看，承或乘均指陰爻、陽爻之間的相互作用、相互制約關係。在後世文藝創作中，「承」、「乘」二字通常用來指藝術形式結構中各要素的彼此關聯，而且通常包含著美的意思在內，如清朝順治進士笪重光所謂「近阜以承上，有尊卑相顧之情」③，即是指一種美的構圖關係。

①朱熹：《周易本義》。
②王弼：《周易略例·明卦適變通爻》。
③笪重光：《畫筌》。

(2)比：比存在於彼此相鄰的兩爻（陰爻和陽爻或陽爻和陰爻）之間。如在比卦中，六四爻和九五爻之間即構成比。《象辭上傳・比卦》中說：「『外比』於賢，以從上也。」又六四爻辭說：「外比之，貞吉。」在這裡，「比」含有輔佐、依附、順從、親近的意思。

(3)應：應存在於初爻與四爻、二爻與五爻、三爻與上爻之間（其中一爻為陽、一爻為陰）。如在既濟卦中，初九爻與六四爻、六二爻與九五爻、九三爻與上六爻之間即構成「應」。在《周易》的思想中，「應」具有上下呼應、交感共鳴的意思。故王弼說：「夫應者，同志之象也。」①

從美學上看，這個「應」的概念同形式美法則中的照應（呼應）法則意義相近。在中國古代美學和藝術創作中，照應是一條非常重要的形式美法則。如南宋姜夔《續書譜》中所說：「一字之體，率有多變，有起有應，如此起者，當如此應。」在這裡，「應」即指照應、呼應，並且包含著美的意思在內。

《周易》各卦象構成中的這些關係，主要是用來說明各爻之間的有機聯繫。但從美學上來看，也可以說是一種合規律的、美的形式。而且尤其應當注意的是，這些關係都只是存在於陰爻和陽爻或陽爻和陰爻之間，而不存在於陰爻和陰爻或陽爻和陽爻之間。因此，這些關係從總體上看不過是陰、陽對立統一關係的具體表現。而陰、陽對立統一關係——如本書第一章第一節所說，同中國古代美學研究和藝術創作均有密切的關係。

古代美學和藝術創作中所說的上下、左右、遠近、高低、動靜、曲直、開合、起伏、隱顯、疏密等等關係，無一不是對立統一關係。而在這些關係當中，自然也就包括了承、乘、比、應之類的關係。

六十四卦的結構

在《周易》的思想中，不僅一個卦是一個序列，整個六十四卦也是一個序列，關於六十四卦意義上的彼此關聯，《序卦傳》中作了充分的說明和解釋。這裡要講的是六十四卦在形式上的關係。從形式上看，在六十四卦承前啟後的交替變化中，最值得注意的是互、覆、變三種關係。

(1)互：互指的是兩個經卦的交叉、交互、互錯的關係或由此派出來的互卦與

①王弼：《周易略例・明卦適變通爻》。

原來的本卦的關係。按《周易》的看法，每一卦的二、三、四爻與三、四、五爻之間部分重疊，上、下經卦互相交叉，由於這種重疊和交叉，可以派生出一個新的卦即互卦。如既濟的六二爻、九三爻、六四爻與九三爻、六四爻、九五爻部分重疊，將這六爻獨立出來即為未濟卦。在這裡，既濟卦即為本卦，未濟卦即為互卦。從美學上看，這裡講的「互」與文藝創作是有一定關係的。如劉勰《文心雕龍‧隱秀》中說：「夫隱之為體，義生文外，秘響旁通，伏采潛發，譬爻象之變互體，川瀆之韞珠玉也。故互體變爻，而化成四象；珠玉潛水，而瀾表方圓。」此處即用《周易》的互變關係來說明文章的意義（本來意義和引申意義，表層意義和深層意義）。

此外，從形式上看，「互」即意味著一種交叉、交互、互錯關係，這種關係在文藝創作中也可指各種形式因素的交互錯雜關係。從形式完整的角度考慮，這種關係是必不可少的。如中國古代山水畫構圖中的虛實、藏露關係，即與卦象構成中的「互」相類似。明代畫家唐志契說：

「畫疊障層崖，其路徑村落寺宇，苟能分得隱顯明白，則不但遠近之理了然，且趣味無盡，更能藏處多於露處，趣味愈無盡。蓋一層之上，更有一層，一層之中，復藏一層。善藏者未始不露，善露者未始不藏。藏得妙時，便使觀者不知山前山後，山左山右，有多少地步，許多林木。」①

這話的意思是說，在一幅畫之中，有許多景物，對這些景物的處理，不能將它們孤立地一一畫出來，而應當使其彼此交錯、重疊，有藏有露，這樣才能分出遠近高低，並使觀賞者領略到景外之景、象外之象的無窮意味。

(2)覆：覆指的是兩個重卦之間的相互顛倒關係。如屯卦覆（顛倒）為蒙卦，蒙卦覆（顛倒）為屯卦。由覆（顛倒）所得的新卦，即為「倒卦」、「反卦」或「綜卦」。

(3)變：變也是就兩個重卦的關係而言的。朱熹《周易本義》中說：「兩兩相耦，非復（覆）即變。」變指爻變包括一爻變、幾爻變和六爻全變。六爻全變是

①唐志契：《繪事微言》。

「變」的極端形式，如乾卦變為坤卦，泰卦變為否卦。這樣變出來的卦，通常稱為「錯卦」。

「覆」和「變」這兩種關係，實際都是一種相反相成或互相反對的關係。這種關係從美學上看也即是一種反對或反襯關係。

在中國古代藝術作品中，反對或反襯手法的運用，往往可以收到事半功倍的效果。如明末清初文學批評家金聖嘆談《水滸》、毛宗崗談《三國》時，就都非常重視反對或反襯手法的妙用：

「只如寫李逵，豈不段段都是妙絕文字，卻不知正為段段都在宋江事後，故便妙不可言。蓋作者只是痛恨宋江奸詐，故處處緊接出一段李逵樸誠來，做個形擊。」①

「文有正襯反襯。寫魯肅老實，以襯孔明之乖巧，是反襯也；寫周瑜乖巧以襯孔明之加倍乖巧，是正襯也」。②

「《三國》一書，有奇峰對插，錦屏對峙之妙。其對之法，有正對者，有反對者，有一卷之中自為對者，有隔數十卷而遙為對者。」③

在中國古代藝術作品中，這一類手法的運用可以說觸目即是，如詩歌中的平仄對仗，書法、繪畫中的疏密、繁簡、奇正等關係，均可以說是一種互相反對或反襯關係。從形式美的角度言，這種關係也即是一種反對稱關係。

從《周易》一書的思想和卦象來看，「反對」也可以說是一個基本的原則——其中最關鍵的是陰、陽之間的互相反對。《周易》所講的「文」（或「章」），乃是「物物相雜」而成，從卦象上看，則是「分陰分陽，迭用柔剛」而成，其中即包括了互相反對的意思在內。從宇宙生命的角度來看，則正因為有此互相反對的力量存在，才有永無止息的運動和變化。

①金聖嘆：《讀第五才子書法》。

②毛宗崗：《〈三國演義〉第四十五回首評》。

③毛宗崗：《讀三國志法》。

卦象構成的形式美法則

美國美學家桑塔耶那認為，「形式美特別能引起有審美稟賦的人的共鳴；形式美同生硬的無形刺激，同想入非非的散漫情緒，同推論的思考，都相去甚遠」①。因此，「美學上最顯著、最有特色的問題是形式美的問題」。②

無論是在西方美學史上還是在中國美學史上，形式美（特別是藝術的形式美）問題都是一個牽涉到審美與藝術創造的中心議題。就西方而言，從畢達哥拉斯、亞里士多德，甚至包括非常重視「抽象形式」的「絕對美」的柏拉圖），一直到康德、席勒、赫爾巴特、漢斯立克、羅傑・弗萊、克萊爾・貝爾、克羅齊以至蘇珊・朗格這些人，都曾深入地探討過形式美問題。其中甚至有不少人認為，美就在於形式，形式是理解美，同時也是理解藝術的關鍵。

就中國而言，自先秦以來所反覆討論的「文」、「偽」、「飾」、「工」、「巧」等問題，實際上也是一個形式美問題（如《周易》中所講的「文」，首先即同卦象的形式結構有關，並同賁卦中所講的器物的裝飾有聯繫）。至於各種文藝理論中所廣泛討論的筆墨、形色、文采、音律等一系列問題，則更是同形式美問題有著直接的關係。

形式美問題之所以具有如此重要的意義，原因在於：

①美作為人的自由的表現是感性具體的，美的存在不能脫離感性物質的形式。正如沒有肉體，精神就不能存在一樣，只有借助於一定的感性物質形式，美才能成為人們直接感知的現實對象。

②對形式或形式美的追求，既體現了人們對客觀規律的認識和掌握，同時也體現了人類生命存在和發展本身的要求。在這個意義上說，形式感的產生同人類文化的形成是同步的，同人類認識的發展及社會的完善也是息息相關的。

從更廣泛的意義上說，如果沒有形式，文化將無從產生，生命將難以維持，社會也將難以建立有效的秩序。從中國和西方的思想資料看來，「形式」這個概念不僅具有美學方面的意義，而且具有人類文化學方面的意義。

①桑塔耶那：《美感》，中國社會科學出版社，一九八二年版，第六十五頁。

②桑塔耶那：《美感》，中國社會科學出版社，一九八二年版，第五十五頁。

如孔子所討論的「文」（包括《周易》所討論的「文」）、荀子所討論的「偽」（人為的意思），都同人格完善及社會倫理道德的確立有關，同人性的改造及人類文化的確立有關。

德國美學家席勒（一七五九—一八〇五）所論「形式衝動」，本質上也同人的理性化和自然的「人化」有關。他說：「文明的最重要的任務之一，是使人在他的純粹的物質生活中也受形式的支配」①。在這裡，「形式」與「文明」、「理性」差不多是同一個意思。

形式美的特徵

「形式」的概念不僅在美學和藝術中使用，而且也在哲學和科學中使用。蘇珊·朗格認為，形式實際上可以分成兩類：一類是情感形式，一類是推理形式。推理形式（或稱「邏輯形式」、「抽象形式」）是屬於哲學和科學的，而情感形式（或稱「生命形式」、「有機形式」、「表現性的形式」）則是屬於藝術的——即美學意義上所說的「形式」。這種劃分是正確的，但還沒有真正說明美的形式或形式美的本質特徵。

從本質上看，美的形式或形式美的產生，是同人的生命活動相關的，同時也是同人在認識和改造客觀世界的基礎上，所獲得的自由相關的。人們之所以認為事物或藝術作品的形式是美的，其根本的原因在於這些形式充分地表現了人的自由及自由情感。因此，美的形式與哲學和科學意義上的「形式」不同。概括地說起來，美的形式或形式美，具有以下幾個突出的特徵：

第一，美的形式是具體的、直接訴諸人的感知的形式。它既不是對象的物理、化學結構（如原子或分子結構），也不是高度抽象和概括的邏輯結構（如推理形式）。

第二，美的形式是一種合規律的形式。它雖然不能等同於客觀規律本身，但卻是同這種規律相適應的。《周易》中也曾預示著這樣一種觀點。它雖然沒有提出「形式」這個概念，但是卻在《繫辭上傳》中談到「在天成象，在地成形」這樣的話。因此，「形式」在《周易》中可以說是與「形成」這個概念相關的。而「形成」無論從客觀世界來看還是從卦象來看，又都與陰陽的變化規律直接相

①席勒：《審美教育書簡》，北京大學出版社，一九八五年版，第一一八頁。

關。

第三，美的形式是一種合目的的形式，也即是與人類生命活動的目的與人類生存需要的滿足相關的形式，而不是與人沒有任何關係的任何一種形式。

第四，美的形式是一種顯示了人的創造智慧和才能的具有無限多樣變化的形式，而不是一種固定不變的、機械的形式。

第五，美的形式是一種體現了人的情感、願望、理想的形式。如《荀子・樂論》在談到音樂的創造時所說：

「夫樂者，樂也，人情之所必不免也。故人不能無樂，樂則必發於聲音，形於動靜。而人之道，聲音動靜，性術之變盡是矣。故人不能無樂，樂則不能無形，形而不為道，則不能無亂。先王惡其亂也，故制雅頌之聲以道之，使其聲足以樂而不流，使其曲直、繁省，廉肉、節奏，足以感動人之善心。」

這就是說，音樂的形式美一方面充分表現了人的情感、願望，另一方面又充分表現了人的理想或倫理道德上對善的追求。

卦象的形式美

若從上述對形式美的各項規定來看《周易》的卦象，則卦象就不僅僅是一種預示吉凶、禍福的符號，而且也是一種具有審美意義的形式結構。在《周易》傳文中，可以找到不少直接或間接贊美卦象的話，如：

「是故剛柔相摩，八卦相蕩，鼓之以雷霆，潤之以風雨，日月運行，一寒一暑。」（《繫辭上傳》）

「十有八變而成卦，八卦而小成。引而申之，觸類而長之，天下之能事畢矣。」（《繫辭上傳》）

「八卦定吉凶，吉凶生大業。」（《繫辭上傳》）

「聖人立象以盡意，設卦以盡情偽。」（《繫辭上傳》）

「始作八卦，以通神明之德，以類萬物之情。」（《繫辭下傳》）

「上下無常，剛柔相易，不可為典要，唯變所適。」（《繫辭下

傳》)

「觀變於陰陽而立卦，發揮於剛柔而生爻。」(《繫辭下傳》)

從這些話來看，《周易》的卦象不僅是具體可感的，而且也是合規律的，與人的生命活動及生命活動中各種美好的情感、願望、理想密切相關的。其特徵完全符合上述形式美的各種特徵。

此外，由於卦象的構成是合規律的，因此它在形式上也就充分體現了包括對稱、照應、反覆、節奏、簡化、適宜、多樣統一等等在內的各種形式美的法則。所謂「形式美的法則」，亦即構成形式美的規律。這種規律本質上是客觀世界變化、發展規律的表現。在《周易》中，形式美的法則也就是充分囊括和體現了天地陰陽變化、發展規律的「象」或「文」的構成規律。

《周易》所崇尚的「美」，乃是一種充分地展示了天地陰陽變化和發展規律的、處在不斷變化和高度統一中的「大和」之美。而這種「美」，從卦象來看，也就是由對稱、照應、反覆、節奏、簡化、適宜、多樣統一等等法則所構成的卦象的形式美。其中，最主要的是同陰陽(包括剛柔、動靜、方圓、開合、順逆等等在內）對立統一規律相適應的對稱之美。

對稱

對稱是人類認識得較早，也是較普遍的形式美法則。《周易》雖未明確地提出「對稱」的概念，但它所說的「一陰一陽之謂道」，正好從哲學上深刻地指出了天地萬物都包含了陰與陽這樣兩個互相對待的方面，如寒暑、晝夜、日月、天地、開合、順逆、往來、上下、盈虛、消息、進退等等，都是陰陽相對的表現。這種互相對待的兩個方面，也正好是互相對稱的，即有陰必有陽與之相對，有陽必有陰與之相對。

從卦象的構成上看，對稱有四種類型：正對、反對、橫對和縱對。

一、正對與反對

劉勰《文心雕龍・麗辭》中說：「反對者，理殊趣合者也。正對者，事異義同者也。」從形式上看，正對是相同元素之間的對稱，反對是相異或相反元素之間的對稱（因其性質相反，故也可稱之為「對比」，但從大的範圍上講，對比不過是對稱的一種特例）。在《周易》的卦象中，正對是陰爻與陰爻相對、陽爻與陽爻相對，反對是陰爻與陽爻、陽爻與陰爻相對，如：

䷀乾 ䷁坤 ䷲震 ䷸巽

以上四卦的上、下經卦均構成正對，而乾、坤二卦之間和震、巽二卦之間則構成反對。

二、橫對與縱對

橫對和縱對是從空間方位上來劃分的。橫對即是左右相對，縱對即是上下相對，如：

䷿未濟 ䷾既濟 ䷜坎 ䷝離

以上四卦中，未濟、既濟兩卦之間和坎、離兩卦之間構成橫對（同時也是反對），而各卦的上、下經卦之間則構成縱對（未濟和既濟的上、下經卦，為上、下反對；坎和離的上、下經卦，為上、下正對）。

從對稱法則在卦象結構中的表現形式上看，橫對和縱對一般可以分成三種情況，即每一卦的縱向對稱、各卦之間的橫向對稱及縱向對稱。

⑴每一卦的縱向對稱。這種對稱又可以從三個方面來看，即上、下經卦對稱，下、中、上三位爻互相對稱，六爻之間以正對、反對相雜而構成對稱，如：

䷊泰　䷼中孚

以上兩卦中，泰和中孚的上、下經卦構成對稱，中孚的下、中、上三位爻相互對稱，而泰和中孚二卦的六爻之間又互相正對或反對，即泰的初爻與二爻、二爻與三爻、四爻與五爻、五爻與上爻之間及中孚的初爻與二爻、二爻與四爻、五爻與上爻之間構成正對，泰的三爻與四爻及中孚的二爻與三爻、四爻與五爻構成反對。

⑵各卦之間的橫向對稱。這種對稱也可以從三個方面來看，即兩卦各自的上卦之間及下卦之間構成反對，兩卦的上卦之間構成正對、下卦之間構成反對及兩卦的上卦之間構成反對、下卦之間構成正對，如：

䷄需　䷢晉　䷯井　䷂屯　䷷旅　䷦蹇

以上六卦中，需和晉二卦的上卦與上卦之間、下卦與下卦之間均構成反對，井和屯二卦的上卦與上卦之間構成正對、下卦與下卦之間構成反對，而旅和蹇二卦的上卦與上卦之間構成反對、下卦與下卦之間構成正對。

(3)各卦之間的縱向對稱。這種對稱多半存在於本卦與覆卦（倒卦）之間，如：

䷺ 渙　䷻ 節　⇩

以上二卦，若將之橫向排列，則渙的下卦與節的上卦之間及節的下卦與渙的上卦之間互為對稱，若將之縱向排列，則兩卦互為對稱。這兩種對稱，均可看作是一種縱向對稱。

三、反對的價值

對稱在卦象的構成中可以說是一個最基本的法則。六十四卦的構成均以正對、反對、橫對、縱對等不同的方式體現了對稱法則的運用。

在所有這些不同的對稱形式中，最主要的又是反對。中國古代美學中所講的對稱或「對待」，多半指的是反對。如清康熙進士葉燮所說：「對待之義，自太極兩儀以後，無事無物不然：日月、寒暑、晝夜，以及人事之萬有——生死、貴賤、貧富、高卑、上下、長短、遠近、新舊、大小、香臭、深淺、明暗，種種兩端，不可枚舉。」①

從審美價值上說，「反對為優，正對為劣」②。在中國文學藝術史上，對反對的重視遠遠超過了對正對的重視，這種情況，不能不說是同《周易》的陰陽相對及卦象構成中以反對為主的對稱法則密切相關的。在藝術效果上，反對比正對更有說服力和感染力。

從《周易》的觀點看，反對乃是宇宙生命運動、變化的根本原則，有反對才有運動、變化，有運動、變化才有生氣和力量。而對運動、變化、生氣和力量的表現，正是中國古代文學藝術的一貫追求。

照應

在《文言傳》中說：「同聲相應。」唐朝學者孔穎達《周易正義》謂：「同聲相應者，若彈宮而宮應，彈角而角動是也。」在這裡，「應」具有響應、呼應

①葉燮：《原詩・外篇》。
②劉勰：《文心雕龍・麗辭》。

的意思，指的是聲音之間彼此應和，相當於聲學中所說的「共振」或「共鳴」。《周易》的傳文中曾多次講到「應」，如「柔得位而上下應之，曰小畜」（《彖辭傳》），「說而應乎乾」（《彖辭傳》），「文明以健，中正而應」（《彖辭傳》）等等。在這些地方，「應」具有對應（從位置上看）和感應（從意義上看）的意思，同時也具有由此而引申出來的「上下合志」、「志同道合」的意思。

從卦象上看，「應」指的是初爻與四爻、二爻與五爻、三爻與上爻之間的一種陰陽對應、交感關係，如恆卦䷟。《彖辭傳》說：「剛上而柔下，雷風相與。巽而動，剛柔皆應，恆。」在這一卦中，初六與九四、九二與六五、九三與上六均構成「應」的關係，並充分體現了陰陽調諧、剛柔相濟的正常秩序，故謂之「恆」，謂之「久」，謂之「亨，無咎，利貞」。

從美學上看，「應」也是一個重要的形式美法則，通常稱之為「呼應」或「照應」。「呼應」或「照應」所反映的是事物之間的相互依存關係。就其作為一個形式美法則而言，同時又具有協調、統一的功能，即將分散的要素組織融合為一個整體的功能。

一般說來，具有「呼應」或「照應」關係的事物不一定完全相同。就卦象的構成而言，兩爻相應乃是陰陽相應，而且各自的爻位不等。因此，王弼《周易略例・明爻通變》中說「有應，則雖遠而相得」，「同聲相應，高下不必均也」。但與此同時，具有「呼應」或「照應」關係的事物又必須有相似的一面，並且具有相互對應、相互依存、相互襯托的關係。

「呼應」或「照應」，即是毛宗崗論《三國演義》時所說的「遙對」。他認為：「《三國》一書，……有一卷之中自為對者，有隔數十卷而遙為對者。如昭烈則自幼便大，曹操則自幼便奸，張飛則一味性急，何進則一味性慢。……諸如此類，或正對，或反對，皆不在一回之中，而適相為對者。」①從這個意義上說，「呼應」或「照應」，在總體上仍可以說是前述對稱法則的具體表現。

「呼應」或「照應」法則在中國古代文學藝術中有著十分廣泛的應用。現代美學家朱光潛（一八九七—一九八六）在談到作文時說：「兵家有所謂『常山蛇

①毛宗崗：《讀三國志法》。

陣』，它的特點是『擊首則尾應，擊尾則首應，擊腹則首尾俱應」，作文也如布陣，「意思互相生發就能互相呼應，也就能以類相聚，不相雜亂」。①

就文學創作而言，呼應或照應是謀篇、布局的一個基本法則。在書法和繪畫方面，呼應或照應則是結體、章法（書法）、構圖（繪畫）的一個基本法則。古代書法理論家歐陽率更《書三十六法》中所說的「相朝揖」、「相管領」、「彼此顧盼」，張懷瓘《玉堂禁經》中所說的「潛相矚視」，李淳《大字結構八十四法》中所說的「有相迎相關映照之情，無或反或背乖戾之失」，即指的是書法結體、章法中點畫、字形之間的彼此照應。又古代繪畫理論家郭熙《林泉高致集》中所說的「欲顧盼，欲朝揖」，龔賢《畫訣》中所說的「宜大小顧盼」，秦祖永《桐陰畫訣》中所說的「構局……從四邊照顧而成」，也指的是照應，即筆畫、物象之間的彼此照應。

在中國繪畫方面，一花一草，一鳥一石，一枝一葉，一字一印，均有著彼此照應的關係，並因其彼此照應而產生出天然、生動的情趣。在花鳥畫的創作中，這一點可以看得十分明顯，如崔白的《寒雀圖》、趙佶的《芙蓉錦雞圖》及清代八大山人的大部分作品，都極盡「顧盼」、照應之妙（見附圖十六）。

反覆

《周易》的卦由陰爻和陽爻這兩個基本的元素構成。經卦是由三爻（三畫）構成，而重卦（別卦）則是由六爻（六畫）構成。由於所有的卦象都離不開陰爻和陽爻這兩個基本元素，因此在卦象的構成中既存在交錯的情況，也存在反覆的情況。最典型的是經卦中的乾、坤二卦和重卦中的乾、坤、坎、離、震、艮、巽、兌八卦。其中經卦中的乾、坤二卦是同一爻的反覆，重卦中的乾、坤、坎、離、震、艮、巽、兌八卦是同一經卦的反覆。

如前所說，《周易》的卦象既是抽象的符號，同時又具有形象的特徵。卦象中各爻和各經卦的排列組合中所出現的這種同一單位的反覆，具有明顯的秩序特徵。如果撇開它的含義不談，而僅僅從形式上考察，則這種因反覆而出現的序列，本身即給人一種整齊一律的美感。

從形式美的角度來看，反覆即是同一要素的反覆出現。作為一個形式法則而

①朱光潛：《論美·論文學》，人民文學出版社，一九八八年版，第一八三－一八四頁。

言，反覆具有三個特徵：第一，同一要素的反覆出現；第二，具有確定的方向（自下而上，自左至右等等）；第三，各相同要素所處的位置不一樣（即反覆不等於毫無秩序的重複，也不等於在一個固定位置上的重疊或重合）。從上述卦象的構成來看，其形式結構均體現了這三個特徵。

反覆在各門藝術中都有所運用，如詩歌中同一音調、同一語詞和同一句子的反覆，音樂中同一樂音和同一樂段的反覆。從美學上看，反覆既能夠產生整齊一律的美感，同時也能使作品趨向統一。這一點在造型藝術——譬如在工藝裝飾的圖案紋樣設計中，可以看得非常明顯。在圖案紋樣的設計中，反覆是一種產生整體感的、最簡單、最便當的方法（見附圖二）。即使是任意的、一個不規則的要素——點、線或形，均可以由有規律的反覆而產生出美感來。如果其中再加入其它的要素，加以有規律的變化，就能構成更複雜，同時也更美的圖案。因此，從審美效果上來看，反覆並不一定都是單調、乏味的。

節奏

「一般說來，凡是動的東西是沒有不帶節奏的」①。節奏作為一個美的形式法則，其根源在於宇宙生命運動、變化、發展的合規律性。在這個意義上說，《周易》所揭示的宇宙生命的運動、變化、發展過程，也就是一個合規律的或有節奏的過程。

在中國歷史上，最早提出「節奏」一詞的是戰國後期思想家荀子（約前三一三—前二三八）。《荀子》中的《富國》、《致士》、《強國》、《樂論》等篇，曾先後多次講到「禮義節奏」或「節奏」的問題，如「行其綴兆，要其節奏，行列得正焉，進退得齊焉」②，「使其曲直、繁省、廉肉、節奏足以感動人之善心」③等。荀子所說的「節奏」是與禮相關的音樂和人的日常行為的節奏（就日常行為而言，「節奏」是指行為的節制、約束，並表現為一系列有序的、合「禮」的、美的動作）。

在《周易》一書中，雖沒有明確地提出「節奏」概念，但卻很明顯地包括了

①野村良雄：《音樂美學》，人民音樂出版社，一九九一年版，第四十七頁。

②《荀子・樂論》。

③《荀子・樂論》。

對節奏的直覺。因為它所說的「日往則月來，月往則日來」、「寒往則暑來，暑往則寒來」（《繫辭下傳》）等等，正是一種明確的節奏現象。

《周易》對節奏現象的描述有兩個突出的特點，即：

第一，它所描述的，首先是整個宇宙運動、變化的節奏。這種節奏本質上是宇宙運動、變化的合規律性的感性表現，同時也是「聖人」或「君子」化成天下、開物成務、節以制度、行其典禮即建立一個理想的、和諧圓滿的社會的依據。《周易》處處強調效法天地，「與時偕行」，因此可以說，荀子所講的那種禮、樂的節奏，從《周易》的觀點來看，實質上是根據宇宙天地的節奏而來的。

第二，它所描述的，不是單純經由時間上的連續與中斷、或單純通過周期性的變化表現出來的節奏，而是經由陰陽、剛柔、動靜、開合、往來、盈虛、損益、消息、始終、順逆等對立面的相互轉化，透過事物由始而終的「生長性的」或「前進性的」變化表現出來的節奏。因此，這種節奏是與事物的發展相伴隨的。其中既包括了事物運動、變化的規律在內，也包括了事物生長、發展的力量和氣勢在內。

《周易》在講變化的時候，非常強調「生」、「成」、「育」這些概念，其意圖即在於強調變化的生長性、前進性和主動性。因此，變化既不是時間或空間上的一種簡單的移易，也不是時間或空間上的一種簡單的反覆或循環，而是一種以對立面的相互轉化為依據的辯證運動。所以，它所描述的節奏，本質上是在特定的時間流程或空間範圍內表現出來的宇宙生命節奏。

從《周易》一書來看，它對節奏的認識，不僅包括在它對宇宙生命變化、發展過程中陰陽、剛柔、動靜、開合、往來等現象的描述上，而且同時還直觀地表現在它的卦象構成上。《說卦傳》中說「分陰分陽，迭用柔剛，故《易》六位而成章」，加之《周易》中又有所謂「剛上」、「柔下」、「剛進」、「柔進」之類說法，可見卦象的構成在《周易》的作者看來，並不是一個靜態的結構，而是一個動態的過程。從動態方面來看，其所謂「分陰分陽，迭用柔剛」實際上也就是陰、陽二爻有節奏的排列。

節奏的直觀表現，通常必須包括三個基本要素：一是延續，二是間斷，三是反覆。這種情況在卦象的構成中也是十分明顯的。

按《周易》的看法，卦象中各爻的排列是從下至上，最下一爻所處的位置被稱作陽位，接下來是陰位，再接下來又是陽位。

這樣，抽象地來看，卦象中各爻位自下而上的排列就是：陽位——陰位——陽位——陰位——陽位——陰位。這大概可以說是一種非常理想的節奏，而最能符合這種節奏的是第六十三卦既濟卦䷾。「既濟」的意思是「成功」，《說卦傳》中說：「既濟，定也。」可見，這樣一種排列秩序是通順、吉利的。

但從卦象的具體構成而言，並非只有每一爻都得位的卦象才有節奏。在六十四卦中，有相當一部分的卦象都非常明確地體現了陰、陽爻交替變化的節奏，如：

䷳艮　䷲震　䷸巽　䷼中孚　䷽小過　䷿未濟

以上六卦的各爻排列，可以說體現了一種非常整齊的節奏。

《周易》卦象中所體現的這種節奏現象，本質上是它們所說的「一陰一陽之謂道」的具體表現。這種以對立面的相互轉化為特徵的節奏規律，在中國古代文學藝術中得到了廣泛的應用。譬如格律詩的平仄交替變化規律，就十分類似於卦象構成中陰、陽爻交替變化的有節奏的排列。

簡化

《繫辭上傳》中曾說：「乾以易知，坤以簡能。易則易知，簡則易從。……易簡而天下之理得矣。」《周易》是非常推崇簡易的。從卦象的構成來看，無論是八卦還是六十四卦，都是極簡易的符號，但「其稱名也小，其取類也大」，雖是一些極簡易的符號，卻能「彌綸天地之道」，將宇宙生命的諸般變化囊括在其中。

《周易》卦象的這種簡易的符號結構特徵，同藝術創作中的簡化原則是非常類似的。藝術作為對現實的反映，從來就不是對現實的機械的摹寫。所有的藝術創作，都可以說是從簡化現實入手的。南朝宋畫家宗炳《畫山水序》中說：「豎劃三寸，當千仞之高；橫墨數尺，體百里之迥。」這同《周易》以陰、陽二爻去說明、象徵天地萬物的變化，在根本的思想上是一致的。

當代美國格式塔心理學美學家魯道夫·阿恩海姆在其《藝術與視知覺》一書中，曾對藝術中的「簡化」原則進行了非常詳細的論述，如：

「在實際運用中，『簡化』有兩種意思。第一種意思，就是我們通常所說的『簡單』。我們常常說一支民歌比一支交響樂簡單，或是一幅兒童畫比一幅提波羅的畫簡單。這裡所說的簡單，主要是從量的角度去考慮的」，但「當某件藝術品被譽為具有簡化性時，人們總是指這件作品把豐富的意義和多樣化的形式組織在一個統一的結構中。在這個結構中，所有細節不僅各得其所，而且各有分工。」①

「在某種絕對的意義上說來，當一個物體只包含少數幾個結構特徵時，它便是簡化的；在某種相對的意義上說來，如果一個物體用儘可能少的結構特徵把複雜的材料組織成有秩序的整體時，我們就說這個物體是簡化的。」②

參照上述阿恩海姆的看法，我們再來看卦象的構成。卦象的構成，從它所由構成的基本要素——爻的數目來看，可以說是十分簡單的。但卦象的意義卻十分豐富，天地人事的一切變化無不具備。卦象之所以能夠具備如此廣泛的意義，關鍵不在於模仿天地人事的一切變化細節，而在於揭示天地人事一切變化中的內在結構和規律——即《繫辭上傳》所說的「得理」或「天下之理得矣」。因此，從這一點來看，卦象並不能說是簡單的，而是「簡化」的。《周易》中所說的「簡易」也不是簡單的意思，而是清楚、明瞭、富有秩序和條理的意思。從藝術創作的角度來看，所謂「簡化」，指的也就是以有限的筆墨、形色、聲音、動作等表達出無限的意蘊，或以最簡潔的形式表達出對象的結構、關係、節奏和生氣。

從藝術上看，崇尚簡易或「簡化」可以說是中國古代藝術的一大特色。如《禮記・樂記》中說：「大樂必易，大禮必簡。」西晉文學家陸機《文賦》中說：「要辭達而理舉，故無取乎冗長」，其主張皆同《周易》的「簡易」、「得理」觀念有關係。

簡易或簡化從來不是簡單或簡單化的意思。孫希旦《禮記集解》中對「大樂必易，大禮必簡」這句話所作的解釋是「樂之大者必易，一唱三嘆而有遺音……

①魯道夫・阿恩海姆：《藝術與視知覺》，中國社會科學出版社，一九八四年版，第六六—六七頁。

②魯道夫・阿恩海姆：《藝術與視知覺》，中國社會科學出版社，一九八四年版，第七二頁。

禮之大者必簡，玄酒腥魚，而有餘味」。從這個意義上說，「簡易」必須以能表達出超出形式本身的意蘊、意味為前提。

此外，簡易或簡化的實質在於「得理」。傳為唐朝詩人、畫家王維（七〇一—七六〇）所著的《山水訣》中所說「遠人無目，遠樹無枝，遠山無石，遠水無波」，所謂「無目」、「無枝」、「無石」、「無波」，並非真無，而是被省略或簡化掉了。而簡化的依據即在於對象的遠近關係和視知覺的透視規律。

又蘇東坡在談到北宋畫家文同（與可）畫竹時說：「竹之始生，一寸之萌耳，而節葉具焉。自蜩腹蛇蚹以至於劍拔十尋者，生之有之也。今畫者乃節節而為之，葉葉而累之，豈復有竹乎！」①他認為畫不能只求形似，而更主要的是在於「得理」，故「與可之於竹石枯木，真可謂得其理矣。如是而生，如是而死，如是而攣拳瘠蹙，如是而條達遂茂。根莖節葉，牙角脈縷，千變萬化，未始相襲，而各當其處，合於天造，厭於人意」②。所謂「理」，在這裡指的是竹石枯木的結構或變化規律。正因為文同作畫善於在「理」上下功夫，所以它的畫「簡易率略，高出塵表，獨優於士氣」。③

在中國古代繪畫方面，最重簡易的莫過於文人畫。如文同之畫竹，鄭思肖之畫蘭，八大山人之畫荷鳥，鄭板橋之畫蘭竹，倪瓚、黃公望等人畫山水，皆以簡易著稱。

除了繪畫之外，中國的書法和建築等藝術也有以簡易著稱的。如蘇東坡所謂「鍾、王之跡，蕭散簡遠，妙在筆畫之外」④，及清初劇作家李漁（一六一一—一六七九）在談到居室建築時所謂「窗欞以明透為先，欄杆以玲瓏為主……總其大綱，則有二語：宜簡不宜繁，宜自然不宜雕斫。凡事物之理，簡斯可繼，繁則難久。順其性者必堅，戕其體者易壞」⑤，皆以簡易為貴。

中國兩千多年的藝術追求和理論探討，籠而統之地說，不外乎「合情合理」、「合乎自然」這兩句話。舉凡藝術上的煩雜、臃腫、閉塞、乖僻、生硬、

①《蘇東坡集》前集三十二卷，《文與可畫篔簹谷偃竹記》。
②《蘇東坡集》前三十一卷，《淨因院畫記》。
③孔廣鏞、孔廣陶合編：《岳雪樓書畫錄》載文征明語。
④《蘇東坡後集》卷九，《書黃子思詩集後》。
⑤李漁：《閑情偶寄・居室部》。

死板等等毛病，大多是違反情理、違反自然的結果。反之，凡是「合情合理」、「合乎自然」的藝術，在形式上都無一不表現出「簡易」的特徵。

適宜

《周易．臨．六五》說「知臨，大君之宜，吉」，而《周易．履．六三》則說「凶。武人為於大君」。從這兩條爻辭來看，在《周易》的思想中，人事的吉凶是同人的行為是否適宜相關的（宜則吉，不宜則凶）。而所謂「適宜」，又是同「各正性命」、「各從其類」、「正位居體」、「與時偕行」之類的觀念相通的。從《周易》的觀點來看，每一個事物都有各自不同的性質和功能，只有按照自己所固有的本性去發展，才能得到順利的結果。

同樣地，人也有不同的名份和地位，其行為也有不同的時機，只有恪守自己的名份、地位，並抓住有利的時機，才能有所作為。

這個看法具體表現在卦象上，就是各爻所處的位置要恰當。如《繫辭上傳》所說「象其物宜，是故謂之象」，從這個意義上說，恰當也就是適宜。在《周易》的作者看來，「文不當，故吉凶生焉」（《繫辭下傳》），正因為各爻的排列有當與不當之分，所以才有吉凶、禍福、順逆的不同。同樣地，人的行為如果不合時宜——如「武人為大君」之類，也將是凶多吉少。

從卦象上看，所謂「當位」、「不當位」的問題，主要即是同人事的吉凶、禍福有關。但同時也可以說同美學上所說的「適宜」、「適應」、「適稱」、「恰當」這些概念有關。而「適宜」（或「適應」、「適稱」、「恰當」）在美學上，通常也被看成是一個重要的形式美法則。

英國美學家荷加斯在《美的分析》中指出：「眾所周知，一些很美的形式，如果用得不當，也往往會顯得令人厭惡。例如，螺旋形圓柱無疑是美的，但因為它們會使我們產生一種軟弱無力的觀念，所以用它們來支撐某個威嚴的或者看來沉重的東西時，它們就不再討人喜歡」。①

他認為，凡是美的東西，其部分與整體、形式與功能之間都是適稱的，如「人體各部分的一般尺寸，是適合於它們所應有的功能的」。②

①荷加斯：《美的分析》，人民美術出版社，一九八六年版，第二三頁。

②荷加斯：《美的分析》，人民美術出版社，一九八六年版，第二四頁。

《周易》中所說的「當」、「宜」，與荷加斯的上述看法有相通之處。但荷加斯的看法主要是從比例的協調方面立論，而《周易》所講的「當」、「宜」則是從宇宙生命的變化、發展規律方面立論。《彖辭傳》說「財成天地之道，輔相天地之宜，以左右民」。這「宜」是同天地的運行、發展規律相聯繫的。

在中國古代的藝術創作中，適宜主要涉及到藝術作品的形式結構是否合理的問題。明唐志契說，凡畫山水，要「大小所宜」，「大幅與小幅，迥乎不同。小幅不得塞滿，大幅豎看不得落空。小幅宜用虛，愈虛愈妙，大幅則須實中帶虛」，又說「畫必須靜坐。凝神存想，何處是山，何處是水，何處是樹，何處是樓閣寺觀，村莊離落，何處是橋梁人物舟車，方可下筆」。①

這裡所講的即是繪畫中筆墨、物象的布置必須適宜，即必須合理。而所謂「合理」，在中國美學中，係指合乎自然，或合乎自然規律。推而廣之，則書法中的結體、章法，音樂中的樂音組織，文學中的辭句安排，皆同「適宜」這個形式美的法則相關。

①唐志契：《繪事微言》。

多樣統一

多樣統一，或稱「變化統一」，或稱「和諧」，在美學上往往被看成是一個總的形式美法則。

《周易》一書的總的思想可以說即是講「和諧」。一方面講宇宙天地萬物的變化（變化即意味著「多樣」），另一方面又講宇宙天地萬物的統一。從思想上看，有三段話很明確地講到了多樣統一的法則：

一是《彖辭傳》中所說的「大哉乾元，萬物資始，乃統天。雲行雨施，品物流行。大明終始，六位時成，時乘六龍以御天，乾道變化，各正性命。保合大和，乃利貞。首出庶物，萬國咸寧」；

二是《繫辭上傳》中所說的「言天下之至賾而不可惡也，言天下之至動而不可亂也」；

三是《繫辭上傳》所說的「易有太極，是生兩儀，兩儀生四象，四象生八卦，八卦定吉凶，吉凶生大業」。

從卦象上看，卦象的構成本身也體現了多樣統一的法則。首先，卦象中的各爻，在性質和位置上都有差別，但又同時具有相似的形態，並統一於一個卦象之中；其次，卦象中的各爻，雖在性質和位置上不同，但在排列上具有自下而上的固定秩序和承、乘、比、應等內在關係，並在意義上也趨向於一個整體；再次，更為重要的一點是，卦象雖有六爻之多，但其中有主有次，有尊有卑，有貴有賤，互不相犯。抽象地看，九五爻處於尊貴之位，是六爻中最主要的一爻。

具體地看，在卜筮中，往往以一爻定吉凶，如果以六爻定吉凶，則勢必造成意義上的混亂和矛盾。此外，在六十四卦中，有五陽一陰和五陰一陽的情況，在這種情況下，數目最少的爻即是主爻，故王弼謂：「統論一卦之體，明其所由之者也。……物無妄然，必由其理。統之有宗，會之有元，故繁而不亂，眾而不惑，故六爻相錯，可舉一以明也……一卦五陽而一陰，則一陰為之主矣。五陰而一陽，則一陽為之主矣。陽苟一焉，五陰何得不同而歸之？陰苟只焉，五陽何得不同而從之？」①

從這種情況來看，所謂「統」或「統一」，在《周易》中的主要意思是以一統多（以少統多）、以主統次、以尊統卑、以貴統賤、以天統地、以天地統萬物。這種思想很顯然同《繫辭上傳》所說的「天尊地卑，乾坤定矣。卑高以陳，貴賤位矣」有關，其實質很顯然是在為君主專制統治之下的尊卑等級制度辯護。同時，《繫辭下傳》又說：「陽一君而二民，君子之道也。陰二君而一民，小人之道也」。以此看來，《周易》的以一統多的思想，也非常明顯地流露出對混亂的政治秩序的憂慮和不滿。

從形式上看，《周易》的這種以一統多的思維模式和「天尊地卑」、「卑高以陳」的宇宙格局，無疑對中國古代文藝創作中所廣泛應用的一個形式美法則——「賓主朝揖」之法產生了直接的影響。

在中國古代文藝理論中，談藝術作品的和諧，很少像西方美學那樣專在比例的協調方面去做文章，而更多的是經由主、次（主、客）關係的確立與協調去求得統一的藝術效果。試看下面這些論述：

書法——「若數畫並施，其形各異；眾點齊列，為體互乖。一點成一字之規，一字乃終篇之準。違而不犯，和而不同。」①

①王弼：《周易略例·明象》。

「作字有主筆，則紀綱不紊。」②

繪畫——「凡畫山水，先立賓主之位，次定遠近之形，然後穿鑿景物，擺布高低。」③

「一幅畫中主山與群山如祖孫父子然，主山即祖山也，要莊重顧盼而有情，群山要恭謹承而不背。石筍陂陀如眾孫，要歡躍羅列而有致。祖孫父子形異而脈不殊，其脈絡貫穿形體相連處。」④

「形勢尊卑，權衡大小；景色遠近，劑量淺深。……主山正者客山低，主山側者客山遠。眾山拱伏，主山始尊，群峰盤互，祖峰乃厚。」⑤

戲曲——「一本戲中有無數人名，究竟俱屬陪賓，原其初心，止對一人而設：即此一人之身，自始至終，離合悲歡，中具無限情由，無窮關目，究竟俱屬衍文，原其初心，又止為一事而設，此一人一事，即作傳奇之主腦也。……如一部《琵琶》止為蔡伯喈一人，而蔡伯喈一人又止對『重婚牛府』一事，其餘枝節從此一事而生。」⑥

以上這些論述，均涉及到藝術作品的形式結構問題，並且都是為了達到多樣統一的藝術效果。譬如「中」、「安」二字的一豎、一橫，在書法藝術中而言，也就是前引朱和羹所說的「主筆」。「主筆」，也就是關鍵之筆，即「中」、「安」二字是否寫得好，關鍵在於其一豎、一橫是否寫得好。

至於山水畫中的所謂「主山」、「祖峰」，從範寬的《溪山行旅圖》、郭熙的《早春圖》、馬遠的《踏歌圖》、趙孟　的《鵲華秋色圖》等作品來看，其作用大約也相當於書法中的「主筆」，即畫中山水的氣勢、脈絡、精神，或其物象經營布置的成敗，皆首先取決於「主山」或「祖峰」勾畫、皴染的成敗。

①孫過庭：《書譜》。
②朱和羹：《臨池心解》。
③李成《山水訣》。
④布顏圖：《畫學心法問答》。
⑤笪重光：《畫筌》。
⑥李漁：《閑情偶寄・詞曲部》。

又戲曲中的所謂「主腦」，係指戲曲中的主要人物、主要情節（線索），其作用也與「主筆」、「主山」之類相仿佛。又音樂中的「主音」、「主調」（基調）、建築群中的「主體建築」等等，其安排布置的道理，也全在於求得多樣統一的藝術效果。

這種方法，可以說是中國藝術中最普遍的一種結構方法，其思想基礎即是淵源於《周易》。

第三章　易學美學原理及形式美法則的應用

從人類歷史上看，任何真正有價值的思想，一旦產生之後，都會對人們的觀念和行為產生這樣或那樣的影響，並在不同程度上成為人們進一步認識和改造客觀世界的方法或工具。作為一部有著完整的理論框架，並具有豐富的歷史和文化價值的優秀典籍，《周易》一書在中華民族的發展中，曾經起過多方面的影響和作用，並在一定意義上成了人們認識宇宙人生的基本思維模式。

從美學上看，《周易》一書不僅對中國美學產生了影響，而且也對中國工藝、建築、繪畫等各門藝術產生了深遠、持久的影響。在一定意義上說，它不僅在中華民族特有的藝術觀念的形成中，而且在各門藝術的技法的形成和完善中，都有著不容忽視的重大歷史作用。這種作用一方面來自它所包含的美學思想，另一方面則來自它所創造的、具有嚴密的秩序和結構的卦象。

中國藝術的基本觀念，從生命、運動、變化的角度看待宇宙、人生和藝術的主導思想以及藝術技法中所體現的、無所不在的辯證法則，歸根到底，都直接或間接地受到了《周易》美學及其卦象構成的影響。因為在古人的觀念中，藝術作為一種人為的事物（或人工產品），其根源在於自然事物，並且最終必須同自然事物達成一致。因此，藝術作品中所表現的運動、變化、結構、韻律等等，同自然事物的運動、變化、結構、韻律等等具有一種異質同構的關係。

如《樂記》中所說的「樂者，天地之和也」，即非常明確地肯定了這種同構關係的存在。而由於自然事物的運動、變化、結構、韻律等等總的來看都離不開《周易》的思想和卦象中所揭示的陰陽對立統一規律，因此，藝術作品中所表現的運動、變化、結構、韻律等等同《周易》的思想和卦象中所揭示的，以陰陽對立統一為基礎的形式結構之間，事實上也有著一種異質同構的關係。

所以，《周易》的思想及其卦象對中國藝術的影響，決不只是某些細節或枝節上的影響，而是藝術創造的基本觀念和藝術作品的形式結構原則上的影響。因此，對這種影響的把握，也就不能僅僅抓住某些個別的細節，而應當抓住整個的精神。

工藝

「工藝」中的「工」或「藝」這兩個字，在中國古代文獻中出現的頻率很高，它們所指的是具有技藝的人或技藝本身。而「工藝」一詞則大約最早見於《新唐書·閆立德傳》：「父毗（即閆毗，隋唐之際著名的工藝師、建築師兼畫家），為隋殿內少監，本以工藝進，故立德與弟立本（閆毗之子閆立德、閆立本）皆機巧有思」。

在古代，「工藝」所指的範圍很廣。如《周禮·考工記》所說的「百工」，實即指一切手工勞動者或一切手工業。因此從廣義上看，「工藝」指的是運用一定的工具或手段對原材料或半成品進行加工，並使之成為產品（成品）的過程和方法，即《周禮·考工記》中所說的「審曲面勢，以飭五材，以辨民器」。從狹義上看，「工藝」也指專供欣賞之用的工藝品，或為了審美和觀賞的目的而進行的專門的技術或藝術活動。

但從歷史上來看，工藝創造活動最初表現在勞動工具和日用器皿（「器」）

的製作上。而且，無論是勞動工具、日用器皿還是專供欣賞的工藝品，其製作過程都是相似的。勞動工具、日用器皿的製作是一種技術，同時也可以說是一種藝術，反之，專供欣賞的工藝品的製作是一種藝術，同時也可以說是一種技術。

此外，勞動工具、日用器皿的主要目的在於功用，但同時也包含著審美的因素在內，專供欣賞的工藝品的主要目的在於審美，但同時也包含著功用的因素在內（如花瓶之類）。在這裡，藝術與技術、審美與功用並不是對立的，而是統一的。

從觀象到製器

《周易》一書雖沒有直接提到「工藝」這個詞，更沒有涉及專供欣賞之用的工藝品的製作，但卻在《繫辭下傳》中談到了一個與一切工藝製作密切相關的原則，即「觀象製器」的原則。

《繫辭上傳》中說：「製器者，尚其象」。在《繫辭下傳》中，傳文的作者對此進行了一段很長的論述：

「作結繩而為罔罟，以細以漁，蓋取諸『離』。包犧氏沒，神農氏作，斫木為耜，揉木為耒，耒耨之利，以教天下，蓋取諸『益』。……黃帝、堯、舜，垂衣裳而天下治，蓋取諸『乾』、『坤』。刳木為舟，剡木為楫，舟楫之利，以濟不通，致遠以利天下，蓋取諸『渙』。……斷木為杵，掘地為臼，臼杵之利，萬民以濟，蓋取諸『小過』。弦木為弧，剡木為矢，弧矢之利，以威天下，蓋取諸『睽』。」

《周易》中所說的「象」，在這裡主要指卦象，而「器」則指各種器物，也可引申為通過勞動所創造出來的一切有形體的東西。《周易》的作者認為，所有的「器」都是以「象」為依據，由觀察卦象而製作出來的。這種說法看起來有些離奇。卦象是抽象的符號，器物是具體的物品，二者怎麼可能聯繫到一起呢？

但如果我們聯繫到《周易》的整個思想來看，就不難理解作者的這種主張。因為在《周易》中，「象」被認為是伏羲、文王這樣一些聖人創造出來的，目的是用以說明和解釋天地、人事的變化、發展規律。而「象」的創造又是以對天地人事的「仰觀俯察」為依據的。「象」的妙處在於它對天地、人事的變化、規律所作出的高度概括。作為這種高度概括的「象」，既體現了事物的發展規律，同時也展示了事物的內在關係和形式結構。因此，對於「器」的製作來說，「象」就成了極為重要的參照物。而且，從形式上看，器的創造總的來說並不能違背「象」的以陰陽對立統一為基礎的、客觀的、合乎規律的形式法則。

當然，《繫辭下傳》把各種器物的製作分別同離、益、渙、隨等卦象聯繫起來，總難免有牽強附會之嫌。但重要的不是《周易》作者的牽強附會，而是「觀象製器」這一原則所包含的更為深刻、合理的思想。

在《周易》中，卦象之「象」與客觀事物的形象有關，而且「象」的概念本身也可以理解為客觀事物的形象。因此，「觀象」，自然也就包括了觀察事物的形象。而這樣一個思想，不僅是合理的、正確的，而且對中國古代的工藝製作產生了非常深遠的影響。

南宋史學家鄭樵（一一〇三—一一六二）《通志》中說：

古人製器，「皆有所取象，故曰『製器尚象』。器之大者莫如罍，物之大者莫如山，故像山以製罍，或為大器，而刻雲雷之象焉。其次莫如尊，又其次莫如彝，最小莫如爵。故受升為爵，受二斗為彝，受五斗為尊，受一石為罍。按：獸之大者莫如牛象，其次莫如虎蜼，禽之大者則有雞鳳，小則有雀。故製爵像雀，製彝像雞鳳，差大則像虎蜼，製尊像牛，極大則像象。尊罍以盛酒醴，彝以盛明水鬱鬯，爵以為飲器，皆量其器所盛之多寡，而像禽獸賦形之大小焉。」①

鄭樵在這裡所說的「製器尚象」之「象」，即為山、雲、雷、牛、象、虎、蜼、雞、鳳、雀等客觀事物的形象，具體指的是器物的造型、尺寸、大小及裝飾，與客觀的事物之間，有一種相似或相像的關係，如爵（酒具）與雀的相似（見附圖一）。

從理論上看，「製器」或工藝製作所要考慮的美學問題，大體說來有兩個至關重要的方面，即器物或工藝品的造型和器物或工藝品表面的裝飾（裝潢、紋

①鄭樵：《通志·器服略》。

飾）。所謂工藝的美，也就主要表現在造型的美和裝飾的美兩個方面。

工藝製作雖算不上是一種以再現為主（其中並不排除再現的成份）的藝術，但其造型和裝飾都是有現實根據的。也就是說，都是以對客觀事物（包括客觀事物的形式結構和變化規律）的觀察為前提的——即使是純抽象的、接近於幾何形式的造型和裝飾，也是如此。

就器物的造型而言，大約可以分為兩類：一類是肖形的造型，即透過模仿某一種或某一類具體事物而創造出來的造型；一類是抽象的造型，即同具體事物沒有直接關係的那一類造型。這兩種不同的造型，總的來看，都來源於對客觀事物的觀察和認識。

前述鄭樵所說的那一類造型，即是肖形（象形）的造型，其來源可謂清楚明瞭。至於那些抽象的造型，按古人的說法，也是以「尚象」、「觀象」為原則的。對此，《考工記》在談到車的製作時也說得很明白：

「軫之方也，以象地也。蓋之圜也，以象天也。輪輻三十，以象日月也。蓋弓二十有八，以象星也。」

這裡的所謂「象」，不是象形（或主要不是象形），而是象徵。其思想顯然源自《周易》的象數理論。

就器物的裝飾而言，大約也可分為兩類：一類是近於寫實的（如「自然紋樣」），一類是近於抽象的（如「幾何紋樣」）。僅以器物裝飾中的圖案紋樣而論，近於寫實的圖案紋樣（如商周青銅器上的饕餮紋、夔紋、龍紋、鳥紋、魚紋、龜紋、牛紋、蟬紋、蠶紋、象紋、虎紋等），很明顯的是取自外界的自然事物（動物和植物等）。

同時，那些抽象的圖案紋樣（如商周青銅器上的弦紋、乳丁紋、雲雷紋、渦紋、重環紋、環帶紋、鱗紋、竊曲紋等），也是同外界事物有關的。其中大部分是在寫實紋樣的基礎上變化（簡化、變形、重組）出來的，如雲雷紋；有一些則是直接從外界事物的某些抽象紋樣（如編織紋）中脫化出來的。進一步說，不僅器物裝飾中的圖案紋樣源自外界事物，而且器物裝飾中的色彩也是同外界事物有關的。如《考工記》中所說：

「土以黃，其象方，天時變；火以圜；山以章；水以龍；鳥，獸，蛇。雜四時五位以章之，謂之巧。」

「雜五色。東方謂之青，南方謂之赤，西方謂之白，北方謂之黑，天謂之玄，地謂之黃。青與白相次也，赤與黑相次也，玄與黃相次也。」

在古代，「五色」是一種相當抽象的概括（約相當於西方色彩理論中所說的「三原色」，加上黑、白兩種「無彩色」）。中國工藝製作中的用色，儘管代有變化，但總不外乎黑、白、紅、黃、青這幾類色彩系列。而這「五色」的來源，據古人的看法，是同五方、五行有關的，同時也就是同天地萬物有關的。

因此，可以說，「觀象製器」這個原則，對於中國古代的工藝製作來說，乃是一個總的原則。

工藝造型、裝飾的造象原則

工藝造型、裝飾的前提是觀象、取象，而它的直接目的則是造象——即創造具有審美意義的工藝形象（包括立體造型和圖案裝飾形象）。

從中國古代工藝的發展情況來看，工藝造型和裝飾的基本原則與《周易》的思想具有很多相通一致的地方，或者至少可以說受到了《周易》思想的某些啟發和影響。這些原則概括起來有以下四個方面：

一、象形原則

中國古代工藝是以象形為基礎的。象形是工藝造型和裝飾的基本表達方式。以造型而論，商周時期的爵、斝、尊、兕觥、罍、匜等器物中就有不少是以動物的形象來造型的；以裝飾而論，從最早的彩陶到明清時期的陶瓷、金屬、染織等工藝製品，即大都是以動植物紋樣作為裝飾母題的（其中，唐以前多為動物紋，唐以後多為植物紋）。有一些紋樣的構成，甚至直接受到了《周易》的影響。如遼寧昭盟喀喇沁旗發現的唐代鎏金銀盤的龍頭魚身紋樣，就與先天太極圖十分相像（見附圖十一）。

二、象徵原則

北宋哲學家程頤（一〇三三—一一〇七）《易說》中說：「在理為幽，成象為明」。即卦象是用以明理的，或卦象是理的象徵。又《繫辭傳》中也說「八卦，以通神明之德，以類萬物之情」，「立象以盡意」。可見，《周易》的卦象是在觀察宇宙天地萬物的基礎上，經過高度概括、抽象出來的、具有象徵意義的符號。同樣地，在中國古代的工藝製作中，也非常重視象外之意的表達。據《荀子‧法行》記載，孔子曾提出「以玉比德」的思想，認為玉有仁、知、義、行、勇、情、辭等不同的象徵意義（在古代，玉器也因之而具有了象徵社會政治倫理的特殊價值，如《禮記‧玉藻》所說「古之君子必佩玉」，《周禮‧春官》所說「以玉作六瑞，以等邦國」，「以玉作六器，以禮天地四方」等等）。又據《左傳‧宣公三年》記載：

「定王使王孫滿勞楚子。楚子問鼎之大小輕重焉。對曰：『在德不在鼎。昔夏之方有德也，遠方圖物，貢金九牧，鑄鼎象物，百物而為之備，使民知神奸。故民入川澤山林，不逢不若。螭魅罔兩，莫能逢之，用能協於上下，以承天休。』」

在先秦時代，鼎是一種相當重要的器物。其大小輕重及圖案紋飾，皆同社會政治倫理道德觀念和制度，有著極為密切的關係。總的來看，中國古代工藝的造型和裝飾所象之「意」，或所表現的思想主題，最主要的有兩個方面：

第一是吉凶禍福觀念。這種觀念的產生同人們的功利目的有關。從歷史上來看，即同旨在求吉、祈福的卜筮、巫祝活動有著直接的關係。在中國工藝史上，吉祥可以說是一個經久不衰的主題。這個主題同《周易》對人生中吉凶禍福的關注及設卦觀象以明吉凶的思想是一致的。在上古時代，卜筮、巫祝活動的主要目的即是祛邪避害、祈求吉祥。在甲骨文的卜辭中，可以找到大量的「吉」、「大吉」之類的斷語，如「於翌日丙，尬，又大雨。吉，吉」①。由此敷衍出去，在古代，幾乎生活中的所有方面都以「吉」作為基本的價值取向。如「吉事」、「吉禮」、「吉金」、「吉物」、「吉士」、「吉月」、「吉日」、「吉人」之類稱呼，在古代文獻中可以說隨處可見。

①《殷契粹編》。

受這種觀念的熏染，古代的工藝製作也大多貫以吉祥的含義。據《說文解字》的解釋：「吉，善也」，「祥，福也」（「福」同祭祀有關，在《說文》中，凡帶「礻」旁的字，多半同祭祀有關）。「吉祥」的意思係指人生的美好、幸福。在古代工藝製作中，除極少數的例外，多半含有吉祥的意思在內。從造型到裝飾，無不充滿著一派莊重、恭謹或和諧、喜悅的氣象。這一點，在圖案紋樣中可以看得非常清楚。如龍、鳳、龜、鶴、鹿、麒麟、鴛鴦、喜鵲、松、竹、梅、桂、蓮花、石榴、合歡、靈芝等動植物紋樣，都含有吉祥的意思在內。具體而言，所謂「吉祥」，又可分解為福、祿、壽、喜、財等更為具體的觀念。如龜、鶴、靈芝、松、梅等與壽的觀念有關；桂、鹿、牡丹等同祿的觀念有關；喜鵲、鴛鴦、合歡等同喜的觀念有關。從宮廷到民間，這種將圖案紋樣同吉祥觀念聯繫起來的做法，都是相當普遍的。

第二是禮儀等級觀念。中國古代長期以來是一個等級森嚴的國家。而所謂「禮儀」，本身即同等級的劃分有著相互表裡的內在關係。荀子說「禮別異」，禮的確立很明顯地是同等級、名份、地位的劃分相關的。而且進一步地說，中國古代的政治觀念和道德觀念（乃至藝術觀念）總的來看也都是同等級、名份、地位的劃分相關的。

這種觀念無形中也被滲透到工藝製作之中。在古代，「飾」與「禮」具有異質同構的對應關係。「禮」有時也被看作「飾」，而「飾」也被貫以禮的內容。荀子說：「修冠弁衣裳、黼黻文章、雕琢刻鏤皆有差等，是所以藩飾之也。……若夫重色而成文章，重味而備珍怪，是所衍也。聖王財衍以明辯異，上以飾賢良而明貴賤，下以飾長幼而明親疏」①，即明確地把工藝同禮儀等級制度聯繫起來。《繫辭上傳》曾說：「天尊地卑，乾坤定矣，卑高以陳，貴賤位矣」。同樣是把宇宙萬物看成是一個等級分明、上下有序的系統。

在古代工藝製作中，由於「飾」與「禮」的契合或「飾」的禮化，其造型和裝飾的設計也在不同程度上受到了禮儀等級觀念的約束。譬如服飾的設計，在古人的觀念中，除了遮羞保暖之外，更重要的一項功能就是「表德勸善別尊卑」②。這種觀念和服飾制度可謂源遠流長，自先秦以至明清，皆未發生根本性的變化。

①《荀子・君道》。

②《白虎通・衣裳》。

如《明史·輿服志》上說：「天順二年，令官員人等不得用蟒龍、飛魚、鬥牛、大鵬、像生、獅子、四寶相花、大西蕃蓮、大雲花樣、並元、黃、紫及元色、黑綠、柳黃、姜黃、明黃諸色。」

官服上的圖案紋樣和色彩，在古人看來，乃是地位、等級的象徵。而且這種象徵手法的運用，被認為同天地陰陽及天尊地卑的秩序有關。如《尚書》中所說的「十二章」：「日、月、星辰、山、龍、華蟲作繪、宗彝、藻、火、粉米、黼、黻、絺繡。」①十二章象乾、坤十二爻，其中分陰分陽，尊卑分明。前六章為衣之飾，屬陽；後六章為裳之飾，屬陰。「衣在上為陽，陽統於上，故所尊在先。裳在下為陰，陰統於下，故所重在後」。②

按古人禮儀的規定，前六章為天子諸侯的服飾圖案，後六章為士大夫的服飾圖案。而且，各種不同的圖案，據《古今圖書集成·禮儀典》的說法，其政治倫理含義也不一樣：「日月星辰取其照也；山取其鎮也；龍取其變也；華蟲取其文也；宗彝取其孝也；藻取其法也；火取其明也；粉米取其養也；黼如斧形，取其斷也；黻為兩巳相背，取其辯也。」從這些論述來看，禮儀等級觀念乃是中國工藝設計中的一個最基本的思想主題（其中尤以宮廷工藝為甚）。

三、簡化原則

工藝的造型或裝飾所造之「象」，並不是外界事物的如實再現，而是如《周易》的卦象一樣，具有高度概括、抽象的特點。工藝形象——無論是近於寫實的還是近於抽象或純抽象的，都是一種被高度簡化或秩序化、程式化、樣式化了的現實形象。

符號美學家蘇珊・朗格說：「出現在各個時代，各個民族裝飾藝術中的基本形式——例如圓圈、三角形、螺旋線、平行線——都被當做構圖的基本圖案」③，儘管「裝飾性形式逐漸演化，形成各類物體的畫面——葉子、藤蔓、海洋生物妙趣橫生的形狀、飛翔的鳥、動物、人、物。而基本圖案卻始終保留著：無須任何修飾，圓圈成了眼睛；三角形成了鬍鬚；螺旋形成了耳朵、樹枝或波浪」④。「裝飾

①《尚書・皐陶謨》。

②孫星衍：《尚書今古文注疏》。

③蘇珊・朗格：《情感與形式》，中國社會科學出版社，一九八六年版，第八二頁。

④蘇珊・朗格：《情感與形式》，中國社會科學出版社，一九八六年版，第八三頁。

是表現形式簡單而又純粹的抽象序列。當構圖包含著形象化因素——狗、鯨、人面——的時候，這些形象被完全自由地簡化和變形，以協調於形式的其餘部分。它們生動的處理從來不是直接視覺印象的復製，而是按照表現原則或生命形式，對印象本身進行塑造、規範和說明。」①

就中國古代的工藝製作而言，無論是造型還是裝飾，都明顯地帶有簡化的特點。如前述爵這種酒具的造型，儘管按鄭樵的說法，其形若雀，但實際上與麻雀的真實形象相差甚遠。而且，人們創造這種爵的目的，並不是為了再現一個麻雀的真實形象，而是為了飲酒即為了一個實用功利目的。

同樣地，器物上的裝飾——譬如商周青銅器上的雲雷紋，也是相當抽象和簡化的。這種紋飾的基本特徵是以連續的回旋形線條構成。在排列上，有的作圓形的連續構圖（雲紋），有的作方折的連續構圖（雷紋）。在用法上，雲雷紋通常是作青銅器的底紋或邊緣裝飾，並且其形態規整，與同樣規整的主題裝飾（如獸面紋）和器形（如鼎）構成一個統一、協調的整體。因此，這一類紋飾在視覺感受上至多只能引起某些聯想，而並不能確定為某種具體事物的真實再現。

四、文質統一原則

「文」與「質」是先秦美學，特別是儒家美學思想中的兩個基本概念。這對概念的出現，雖不一定是專門針對工藝而言的，但卻無疑與工藝製作有著十分密切的關係。在談到「文」、「質」的問題時，古代思想家所列舉的例證多半來自工藝製作。「文」指工藝創造中的文飾、裝飾，「質」指文飾所要表現的內容、實質，在一些情況下，又指無文飾的天然的質地。在先秦，這個問題的提出和討論，顯然也同商代青銅器的過度文飾，特別是商紂時期生活上的過度奢侈（附帶地，包括各種日用器物的過度文飾）有關（相比之下，周代青銅器和各種日用器物的文飾就要簡潔得多）。

在「文」、「質」問題上，莊子、墨子、韓非子是反對「文」而重視「質」的（儘管他們的動機不一樣，但結論卻是一樣的），而孔子、荀子則既重視「文」，又特別強調文與質的統一。

在《周易》中，「文」也是一個相當重要的概念。儘管它沒有直接討論

①蘇珊．朗格：《情感與形式》，中國社會科學出版社，一九八六年版，第八四頁。

「質」的問題，但從賁卦的主張來看，它的思想是傾向於文質統一的。首先，從賁卦中所講的「賁其趾」、「賁其鬚」、「賁如濡如」、「賁如皤如」、「賁於丘園」、「白賁」等說法來看，《周易》是主張文飾的。但另一方面，它又認為應防止過度的文飾，因為過度的文飾是不好的。它所贊賞的「賁」（飾）具有「皤」、「白」的特點，並且在該卦上九爻辭中說：「白賁，無咎」。據王弼的注，上九「處飾之終，飾終反素，故任其質素，不勞文飾，而『無咎』」。這個看法同儒家的「文質觀」是一致的。

儒家對「文」給予了高度的重視，但同時又反對過度的文飾，並且認為質比文更重要。如果文不能有益於質或不能與質相統一，反不如不文的好。《禮記》中說：「有以素為貴者。至敬無文，父黨無容。大圭不琢，大羹不和，大路素而越席，犧尊疏布冪，樿杓，此以素為貴也。」①所謂「至敬無文」，也可說是「至質無文」，即如果「質」很美，就無須「文」。換句話說，如果「文」不能與「質」相得益彰，就干脆不「文」。要「文」，就必須是那種與「質」相統一的「文」（這與莊子、墨子、韓非子的不要「文」是不同的）。

這種文質統一的思想，可以說是中國古代工藝設計的基本思想。儘管在古代工藝器物中不乏裝飾複雜、豪華的式樣（特別是宮廷工藝，如明清時期的宮廷工藝），但總的來說是傾向於文質統一的。

前蘇聯美學家奧夫相尼科夫在談到中、日兩國陶瓷工藝時說：

「無論日本文化和中國文化的共同性是多麼巨大，它們在這裡也有著根本的區別。中國藝術的激情是證實人手的巧奪天工，而日本藝術家不強使材料服從自己的意志，只是披露材料中天然形成的美。……景德鎮能工巧匠的作品，如同象牙雕刻一樣……日本陶瓷……初看起來卻顯得是粗糙的。」②

中國工藝的這種「巧奪天工」的審美特徵，從思想上看，正是同儒家尚文的傾向和文質統一的主張密切相關的。

①《禮記・禮器》。

②轉引自列・斯托洛維奇：《審美價值的本質》，中國社會科學出版社，一九八四年版，第四九頁。

五、道器統一原則

工藝是一種人為的創造，是人對自然的物質材料進行加工、改造、修飾的結果，是一種有形的或「形而下」的「器」。《易傳》中說的「器」指天地間的各種具體事物；「道」是指陰陽變化規律，「器」與「道」是相一致的。「形而上者謂之道，形而下者謂之器」（《繫辭上傳》），「器」與「道」互為表裡，「器」是「道」的體現，「而：道」則是「器」的依據。因此，製器不僅要以「觀象」為前提，而且要以體道——認識「道」、表現「道」為前提。

在易學中，「器」涉及一切有形體的東西，自然也就包括工藝器物在內。從工藝製作方面來說，「器」與「道」的統一亦即意味著要使工藝器物的造型和裝飾符合客觀的自然規律——在古代，這種規律主要不是近現代科學中的數學、物理、化學等方面的規律，而是哲學意義上的自然、生命發展規律，即《周易》中所說的「道」。由於「道」的介入，普通的器物製作也就超出了純粹經驗的範圍，而被輸入了理性的內容，並朝著藝術化或審美化的方向發展（因為工藝造型和裝飾中的秩序，乃是一種表現在感性中的理性追求）。

明代著名漆器工藝家黃成在其《髹飾錄》中，曾提出漆器工藝製作的三大原則，即「巧法造化，質則人身，文象陰陽」。「巧法造化」，指的是「天地和同萬物生，手心應得百工就」；「質則人身」指的是「骨肉皮筋巧作神，瘦肥美丑文為眼」；「文象陰陽」指的是「定位自然成凹凸，生成天質見玄黃」。

從黃成的這些話來看，其中雖沒有提到「道」和「器」，但卻可以說是以道器統一的思想為基礎的。因為他所說的「巧法造化」，是指工藝設計和製作必須以自然為師，取法宇宙生命的變化、發展規律；「質則人身」是指工藝設計和製作必須以人體的結構和組織為參照，並表現出人的生命（所謂「骨」、「肉」、「皮」、「筋」、「神」）；「文象陰陽」是說工藝設計和製作必須充分體現陰陽變化規律，並表現出平衡對稱之美（在工藝設計和製作中，文飾為陽，雕飾為陰，或凸為陽，凹為陰，意指處理好花素、虛實關係，以求得形式上的完美）。一句話，即是強調工藝設計和製作必須符合天地自然生命的變化、發展規律，其思想顯然源自《周易》。

圖案紋樣設計的形式美法則

工藝設計和製作以天地自然生命的變化、發展規律為依據。這種規律表現在工藝造型和裝飾方面，即構成特定的秩序或美的形式。所謂「工藝的美」，首先即是器物造型和裝飾的美。

(1)對稱：對稱是工藝裝飾或圖案紋樣設計中使用頻率最高的形式美法則。一般說來，最嚴格的對稱指的是以一條預想的中軸線為界，使構成整體的上下、左右各個部分取得等形、等量和等方向的相稱。德國數學物理學家H·魏爾曾寫了一部專著，用數學的語言來描述存在於自然和藝術中的對稱性。他說：「一個物體，一個空間構形，假如能通過平面E的反射與它自己重合，就是關於這個給定的平面E對稱的。」①

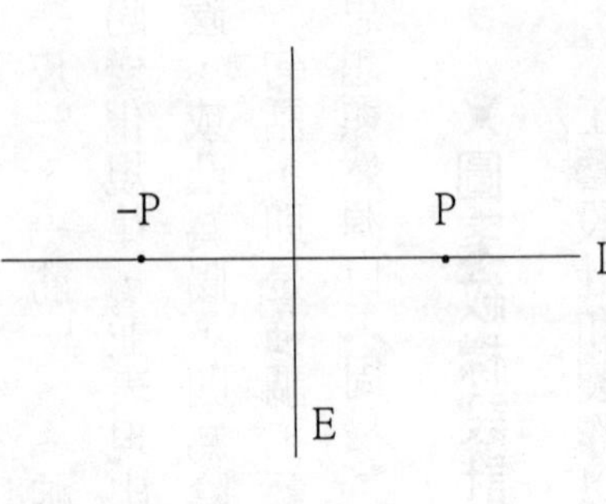

即如右圖所示，處在線L上的P和-P彼此對稱。由於L線可以在平面上的任何一個方向上，因此，魏爾又將對稱分為左右對稱（橫對）、上下對稱（縱對）和轉動對稱三種類型。例如英文字母A、B、S，A為左右對稱，B為上下對稱，S為旋轉對稱（即如果將S的上半部向左下或右下方向「轉動」，便可以與下半部重合）。

中國古代工藝也是非常重視對稱的（商周青銅器即以對稱見長），但卻沒有哪一個工藝師是從純數學或比例協調的角度去看待、理解對稱的。中國古代工藝設計和製作中的對稱觀念多半來自於對自然的觀察和哲學上的啟示。從形式上看，表現在中國古代工藝裝飾圖案中的最常見的形式是反對稱（即構成對稱的兩個部分在方向上剛好相反）。在審美效果上，這種對稱不僅具有一種強烈的內在張力（見附圖三和圖四），而且具有明顯的空間運動感（見附圖十二）。

(2)節奏：中國古代的藝術是以善於表現運動和變化見長的，作為具有實用價值的工藝也不例外。而運動和變化（除了機械的位移之外），只要是合規律的，就必定表現出相應的節奏。

節奏在本質上是宇宙生命變化、發展規律的體現，在形式上具有一定的周期性（即同一要素的有規則的反覆或兩種相反要素的有規則的交替出現）和連續性（即相同要素之間彼此呼應，相反要素之間互相依存，從開端到結尾表現為一個有序的過程）。

①魏爾：《對稱》，商務印書館，一九八六年版，第四頁。

音樂和舞蹈的節奏是一種時間上的推移，而工藝裝飾中的節奏則是一種空間上的推移。從表現形式上看，工藝裝飾中最常見的節奏形式有兩種：一種是同一要素的等距離（間隔）的反覆。這是一種最簡單的節奏形式。另一種是由兩種或兩種以上的要素的交替出現或交替變化（見附圖五）。在審美效果上，這種節奏形式更富於變化，同時也更美。

(3)多樣統一：多樣統一的法則可以說是工藝裝飾中的一個總的法則。在中國古代工藝設計中，在多樣中求得統一的方法也有兩種：一是在圖案紋樣中確立一個主題裝飾，然後輔之以各種輔助裝飾（如以獸面紋為主，以雲雷紋等為輔的青銅器紋飾）；二是以方形、圓形或其他形的邊框將分散的裝飾要素統一在一個整體之中（見附圖十三）。

建築

建築也如工藝一樣，是一種既具有明確的實用功能，同時又具有極高的審美價值的藝術。在《繫辭下傳》中曾有一段話直接談到了建築：「上古穴居而野處，後世聖人易之以宮室，上棟下宇，以待風雨，蓋取諸『大壯』。」人類建築從穴居（按《說文解字》的說法，穴即為「土室」）發展到有棟宇的宮室，可以說是一次革命性的變革。

《周易》的這段話不僅肯定了建築具有遮擋風雨或保障人的生命財產安全的實用功能，而且也很為明確地肯定了建築由於充分地展示了人類控制、駕馭、改造自然的力量、智慧和才能，而具有宏大壯麗的審美價值。《周易正義》謂：「壯宮室於穴居野處，故取大壯之名。」這裡所謂「壯」或「大壯」便是相對於還不能正式稱之為「建築」，並且十分簡陋不堪的「穴居」而言的，在語義上很明顯地同美有聯繫。

至於《周易》中所說的「宮室」，按《風俗通》的解釋：「自古宮室一也，漢來尊者以為帝號，下乃避之也。」從現在的眼光來看，「宮」或「室」最初指的是一個意思，即為建築物的統稱。其中自然也包括後來所說的宮殿建築在內，只是在最初的時候，其規模不如後來的那麼浩大罷了。相傳堯有貳宮，湯有鑣宮，周有蒿宮，這一類建築物今已蕩然無存。按《墨子・三辯》中所說「昔者堯舜有茅茨者」或《墨子・辭過》中所說古聖王「為宮室之法，曰室高足以辟潤濕，邊足以圉風寒，上足以待雪霜雨露，宮牆之高，足以別男女之禮，謹此則止」的話去推測，最初的宮殿建築是結構非常簡單的一類。

但這一點並不能否定《周易》中所講的「宮室」與宮殿建築有聯繫，與「大壯」有聯繫。儘管《周易》中所說的「宮室」並不限於宮殿，而「大壯」也只是相對於穴居野處而言，但宮殿建築在中國建築中具有頭等重要的意義，而且總的來看是以宏大壯麗取勝的。

《墨子・佚文》中說：「紂為鹿臺糟丘，酒池肉林，宮牆文畫，雕琢刻鏤，錦繡被堂」，大約到了商代晚期，中國的宮殿建築就已經有了相當的規模，並且逐漸向藝術化方向發展。至秦漢時期，有咸陽宮、阿房宮（秦）、長樂宮、未央宮、鼓簧宮、承光宮、林光宮、宜春宮、池陽宮、長平宮、黃山宮、集靈宮、望仙宮、長楊宮、萬歲宮、延壽宮、祈年宮、通天宮、鄺娑宮等不同名目的宮殿建築出現。這些宮殿建築的總特徵即是「大壯」。如「阿房東西五百步，南北五十丈，上可以坐萬人，下可以建五丈旗（指阿房宮的前殿）」①，「未央宮周回二十二里九十五步五尺，街道周回七十里。臺殿四十三：其三十二在外，其十一在後宮，池十三，山六。池一，山一，亦在後宮。門闥凡九十五」②，即可謂極盡「大壯」之能事。

在中國歷史上，宮殿建築的主導思想可以用主持未央宮建造的漢丞相蕭何（？—前一九三）的一句話來概括，即「天子以四海為家，非壯麗無以重威，且無令後世有以加也」③。這個主導思想，無疑是與《周易》把「宮室」同「大壯」聯繫起來的看法有關的。

《周易》與中國建築的特徵

中國建築（包括宮殿建築、陵墓建築、寺廟建築、園林建築、住宅建築等在內）歷經數千年，在材料和結構上並無多大的變化，但其藝術特徵卻是相當突出的。在這些特徵的形成過程中，無疑滲透著《周易》思想的影響。這些特徵，具體地說，包括以下六個方面：

①司馬遷：《史記・始皇本紀》。
②葛洪：《西京雜記》。
③司馬遷：《史記・高祖本紀》。

第一，中國建築非常重視與周圍自然環境保持高度的協調統一。所謂「與周圍自然環境保持高度的協調統一」，一是指建築的造型和布局儘可能遵循自然的規律；二是指建築的空間與自然的空間貫通一氣，不把建築從周圍的自然環境中孤立出來。在中國古代建築理論中，所謂「規律」，多半不是指物理力學規律，而是指天地陰陽的變化規律，如東漢史學家班固（三二—九二）《兩都賦》中所說的「其宮室也，體象乎天地，經緯乎陰陽。」

第二，中國建築非常重視與社會人事及政治倫理保持高度的協調統一。在中國古代建築理論中，建築——尤其是宮殿建築、宗教建築、住宅建築等類型的建築，通常被看作是與人事的吉凶禍福及社會的政治倫理秩序密切相關的東西。建築物的方位、朝向等等一般說來都具有吉凶禍福的含義。如《陽宅集成》中所謂「陽宅須教擇地形，背山面水稱人心。山有來龍昂秀發，水須圍抱作環形。明堂寬大斯為福，水口收藏積萬金。關煞二方無障礙，光明正大旺門庭。」又《釋名》謂：「宅，擇也，言擇吉處而營之也。」

在古代建築中，第一道工序是看風水，即找到一個有利的地形、地勢、方位和朝向（即傳統風水中所謂「三綱」——氣脈、明堂、水口；「五常」——龍、穴、砂、水、向），而地形、地勢、方位和朝向，又通常被認為與吉凶禍福，或與國家的興衰、個人的安危有著直接的關係。

此外，建築物的結構、規模、數量乃至裝飾等等，在中國古代通常還與社會的政治倫理秩序聯繫起來。《墨子・辭過》中說：「宮牆之高，足以別男女之禮。」又《黃帝宅經》中說：「夫宅者，乃陰陽之樞紐，人倫之軌模。」即明確地把宮殿、住宅的建築同社會倫理聯繫起來。

但「禮」或「人倫」在古代是同尊卑上下的等級秩序分不開的，同《周易》中所言「天尊地卑，乾坤定矣；卑高以陳，貴賤位矣」的宇宙社會人生格局分不開的。因此，在建築物的結構、規模、數量和裝飾方面，倫理的秩序同時也就直接地表現為一種尊卑分明、上下有別的政治秩序。如《禮記・禮器》中說：「禮有以多為貴者。天子七廟，諸侯五，大夫三，士一」，「有以高為貴者。天子堂九尺，諸侯堂七尺，大夫五尺，士三尺」。

這種等級上的區分，自三代以至明清，都沒有根本性的改變。如據《明史》記載：親王府「城高二丈九尺，正殿基高六尺九寸。正門前後殿，四門」；公主第「廳堂九間十一架」；公侯第「前廳七間兩廈九架，中堂七間九架，後堂七間七架，門三間五架」；一品、二品官第「廳堂五間七架」等等，以及「禁官民房屋不許雕畫帝後聖賢人物，及日、月、龍、鳳、狻猊、麒麟、犀、象之形。……不許營造歇山、轉角、重檐、重拱」之類，皆充分地體現了嚴格的等級區分。第三，中國建築非常重視建築物的文飾，尤其重視各種色彩的運用。這一點在宮殿和官員府第的建築設計中表現得最為明顯。如前引《明史》中所記載的明代府第制度中規定：親王府「城樓飾以青綠點金，廊房飾以青黛。四城正門飾以丹漆金塗銅釘。宮殿窠拱攢頂，中間蟠螭，飾以金邊，畫吉祥花」；公主第「施花樣獸脊，樑棟斗拱檐桷彩色繪飾」；公侯第「用金漆及獸面錫環」，一品、二品官第「屋脊用瓦獸，樑棟斗拱檐桷，青碧繪飾」，皆極盡彩色富麗之能事。

這種重文飾的傾向，在思想觀念上很顯然與儒家向來所重視的「文」有關，也同《周易》把「文」和「賁」（飾）結合起來的看法有關。在《周易》的賁卦中曾有「賁於丘園」的話，這個看法同後世的建築彩繪、文飾的主導思想是一致的。而且賁卦的六五爻所講的「賁於丘園」，按王弼的注解，是「處得尊位，為飾之主，飾之盛者也」。從我國建築來看，裝飾最富麗、最考究的也正是處於至尊之位的帝王宮殿。

第四，中國建築非常重視建築物的寓意，而且其寓意的方法正與《周易》的卦象相仿佛。中國的宮殿，可象徵帝王的威嚴及國力的強盛。廳、堂、齋、亭、臺等建築物，一般說來也有所寓意，如「堂者，當也。謂當正向陽之屋，以取堂堂高顯之義」①，「齋……有使人肅然齋敬之義」②，「亭臺具曠士之懷，齋閣有幽人之致」③。此外，從建築物的平面和立體造型上看，有方形、圓形、八角形、扇面形等形式，其中尤以方形居多，圓形次之。方、圓二形一般說來同地方天圓的思想有關。方象徵地，其四個邊、四個角正與地的四正（東、南、西、北）、四隅（東南、西北、東北、西南）相吻合。圓象徵天，如遼代的「儀天殿」（為重檐圓基建築，今已不存）和清代在北京所建的祈年殿。

再者，從古代建築的裝飾來看，無論是屋頂、檐頭、瓦當上的雕刻，還是柱、樑、窗、欄上的雕刻或彩繪，均含有明確的象徵意義。

①計成：《園冶·屋宇》。

②計成：《園冶·屋宇》。

③文震亨：《長物志·室廬》。

第五，中國建築非常重視表現曲折、飛動的美感。這個特點很明顯同《周易》對天地變化及剛健之美的論述有關。其中最明顯的是中國建築中飛檐反宇的屋頂結構形式。李斗《揚州畫舫錄·工段營造錄》中謂：「飛檐法於飛鳥。」從美學上看，飛檐的創造不僅克服了中國木結構建築過於矮小、輕巧的缺點，而且極為生動地表現出曲折、飛動的美感，並有力地加強了整個建築物在造型上的變化。這種飛檐形式，作為中國古代建築的突出特徵，可以說正是中華民族積極奮進、樂觀向上精神的象徵。

第六，中國建築非常重視表現協調、和諧的美感。《周易》中講「保合大和，乃利貞」，同時又提出了「乾元」、「坤元」、「太極」等概念，來說明宇宙間萬事萬物高度統一的格局。這些概念在後世的建築中曾被用作宮殿的名稱，如「含元殿」（唐永安宮正殿）、「太極殿」、「中和殿」、「保合殿」（清紫禁城殿名）等。從形式上看，這一類建築往往是一個大型建築群中的主體建築，具有協和、統一其它建築物的審美功能。

此外，「和」的美還體現在陰陽、向背、開合、遠近、高低、曲直、方圓、動靜等各對立面的統一上。從理論上看，中國建築所表現的「和」或「大和」之美並不限於比例的協調。從實際上看，中國建築一方面強調陰陽、向背、開合、遠近、高低等的變化，以使建築呈現出參差錯落的格局（如杜牧《阿房宮賦》中所謂：「廊腰縵回，檐牙高啄，各抱成勢，勾心鬥角」），另一方面又要求在總體上達到高度的協調和統一。

建築與環境的協調統一

建築是人類生活、活動的主要場所，同時又可以說是整個大自然的一個部分。當代英國哲學家和美學家羅傑·斯克魯登說：「建築的一個明顯的特徵就是它的地區性。文學、音樂和繪畫藝術等作品都不受場合的限制，它們可以經由表演或流動展出，甚至在少數情況下，通過復制，在任何地方都能夠為人們所認知。……建築可不是這樣。建築物構成它們自己環境的重要特徵，就如它們的環境就是它們的重要特徵一樣。它們不能隨意復制，否則就會造成不合理的和災難性的後果。建築也會在很大程度上受環境變化的影響。」①

①羅傑·斯克魯登：《建築美學》，中國建築工業出版社，一九九二年版，第十一頁。

由於建築具有這樣一個地區性（或永久性）的特點，因此，建築設計中的一個首要的問題也就是如何使建築物與周圍的自然環境相一致的問題。

在中國，這個問題同充滿迷信色彩的相地術、風水術有著密切的關係。如《詩經·大雅·公劉》中說：

篤公劉，既溥既長。
既景乃岡，相其陰陽。
觀其流泉，其君三單。
度其隰原，徹田為糧。
度其夕陽，豳居允荒。
……
涉渭為亂，取厲取鍛。
止基乃理，爰眾爰有。

詩的大意是說後稷的曾孫公劉將都城從邰遷到豳，透過「相其陰陽」、「觀其流泉」來選擇營建宮室的地址，以求得「爰眾爰有」即人口眾多物產豐富的美好生活。在古代，相地術和風水術首先即是「相其陰陽」，如傳為郭璞所著的《葬書》中所說：「人稟天地元陽之氣以生。形以載其氣，氣以充其形。一形一氣，即一陰一陽之為也。……氣乘風則散，界水則止，古人聚之使不散，行之使有止，故謂之風水。」（在《周易》中，象徵風的巽卦為陰，象徵水的坎卦為陽）「相其陰陽」的目的是確定建築物的空間方位。

在古代，絕大部分建築物所取的都是背山臨水、負陰抱陽、坐北朝南的格局，並與《說卦傳》中所刻劃的離南坎北的八卦方位相一致。這種格局的確立主要是為了滿足安全、通風、光照及吉祥等功利方面的要求。但相地術和風水術除了「相其陰陽」之外，還包括「觀其流泉」以及地形、地勢、地貌等方面的考慮，其主旨固然仍在於功利方面的要求，但在力求使建築物與周圍自然環境相統一這一點上，卻具有一定的審美意義在內。

從思想上看，建築中強調人與自然或建築物與自然環境相統一的看法，主要不是來自相地術和風水術。相地術和風水術所依據的理論觀念，其實也多半出自《周易》。《周易》所提出的「夫大人者，與天地合其德」、「天生神物，聖人則之；天地變化，聖人效之；天垂象，見吉凶，聖人象之」等命題，從根本上解決了人與自然相統一的基礎和方式問題，從而也就為建築中人與自然或建築物與自然環境的協調、統一的審美追求，提供了系統而有力的理論依據。

在中國建築中，所謂「與自然環境的協調」，具體說來，主要表現在以下幾個方面：

第一，建築物的設計必須遵循自然界的客觀規律。在古代，自然界的客觀規律也就是天地陰陽的變化規律。如前引班固所謂「體象乎天地，經緯乎陰陽」，即是這個意思。建築中的坐北朝南的方位，左右對稱的格局，一經一緯的道路設計，忽高忽低的立體造型，也都包括了陰陽變化、協調的意思在內。

第二，建築物的設計必須以自然物的形態及其變化為參照。建築雖說是一種高度抽象的藝術，但它的造型總的來看仍離不開《周易》中所講的「觀象製器」的思想觀念。在古代建築中，有一類建築的設計即非常重視「象」，如《後漢書》載梁冀「廣開園囿，採土築山……以象二崤」，《資治通鑑》載唐代安樂公主「起宅第，以侈麗相高……作昆池，延袤數里，累石象華山，引水象天津」，即可說是對自然事物的一種簡略的模擬。此外，前述「飛檐法於飛鳥」，其設計思想也與此相類似。

再者，古代建築的屋頂多為坡頂（即人字形頂），有的為單檐（如硬山頂、歇山頂、懸山頂、卷棚硬山、卷棚歇山），有的為重檐（如重檐圓攢尖，重檐廡殿頂、錄皿頂——錄皿頂的結構可以說是坡頂和平頂的結合）（見附圖十四）。這種屋頂從立面上看，極為生動而富有變化，恰似山巒的起伏（從「硬山」、「歇山」這些名稱來看，屋頂的設計，很明顯是取法於山巒的起伏）。因此，古代建築與現代建築——譬如功能主義建築在立體造型上有著極為明顯的差別。

按功能主義建築的創始人柯布西耶的說法，「建築是對在陽光下的各種體量的精煉的、正確的和卓越的處理……光和影烘托出形象。立方體、圓錐體、球體、圓柱體、金字塔等都是光所突出表現的主要形體」①，所以他建議取消尖頂和裝飾，以突出單純、簡潔、規整的幾何形體，「將街道、工廠、大百貨公司……全都返回到簡單的體量上去」②。這種情況，在中國古代是幾乎不存在的。

①柯布西耶：《走向新建築》，中國建築工業出版社，一九八一年版，第十七頁。

②柯布西耶：《走向新建築》，中國建築工業出版社，一九八一年版，第二十六頁。

第三，建築物的設計必須因地制宜，因地成勢，即儘可能與地勢的高低、開合相適應。在古代建築設計中——尤其在園林建築設計中，「因地制宜」是一個非常重要的原則。對於這個原則，計成、袁枚、李漁等人都曾有過很精闢的論述，如：

「故凡造作，必先相地立基，然後定其間進，量其廣狹，隨曲合方，是在主者能妙於得體合宜，未可拘牽。假如基地偏缺，鄰嵌何必欲求其齊，其屋架何必拘三五間？……園林巧於因借，精在體宜。……因者，隨基高下，體形之端正，礙木刪椏，泉流石注，互相借資，宜亭斯亭，宜榭斯榭，不妨偏徑，頓置婉轉，斯謂精而合宜者也。」①

「隨其高為置江樓，隨其下為置溪亭，隨其夾澗為之橋，隨其湍流為之舟，隨其地之隆中而欹側也，為綴峰岫，隨其蓊鬱而曠也，為設宧突……緣隨其豐殺繁瘠，就勢取景，而莫之夭閼者。」②

「房舍忌似平原，須有高下之勢，不獨園圃為然，居宅亦應如是。前卑後高，理之常也；然地不如是，而強欲如是，亦病其拘。」③

這種因地制宜、「隨基勢高下」的設計方法，一方面減少了人工造作的痕跡甚至對自然環境的人為破壞，另一方面又有效地保證了建築物與周圍自然環境的高度適應和協調。在園林建築和宗教性建築（寺廟、宮觀）中，這種方法被普遍採用，在宮殿建築中，如「因龍首山制前殿，建北闕」④的漢代未央宮的設計、建造中，也可以看得很明顯。

從思想觀念上看，這種方法的理論依據是強調建築與自然的契合，並充分體現自然的運動和變化。這與《周易》中所說的「地勢坤」、「馴致其道」、「本乎天者親上，本乎地者親下」及「卑高以陳」等看法，在本質上是相通的。

第四，建築物的設計必須使室內空間與周圍的自然環境相互融通。如前所說，中國古代的建築在方位和朝向上與《周易》的八卦方位相吻合，因此在具體

①計成：《園冶・興造論》。
②袁枚：《隨園記》。
③李漁：《閑情偶記・居室部》。
④葛洪：《西京雜記》。

的設計當中，室內小空間與天地的大空間之間，不僅具有一種同構的關係，而且從總體上看，是從屬於天地的大空間或為大地的大空間所包圍的。進一步地說，在對室內空間或獨立的建築進行設計時，中國古代的建築師不是把它從天地的大空間、大背景上孤立出來，而恰恰是把它放在天地的大空間、大背景上或從天地的大空間、大背景出發對它進行設計。

如班固《兩都賦》中所說的長安城「左踞函谷、二崤之阻（東），表以太華、終南之山（南），右界褒斜、隴首之險（西），帶以洪河、涇渭之川（北）」及《明實錄・太宗實錄》中所說的北京城「北枕居庸，西峙太行，東連山海，南俯中原」，皆是依賴於一個廣闊的空間和巨大的自然背景。《陽宅十書》上說「人之居處宜以大地山河為主，其來脈氣勢最大，關係人禍福最為切要。若大形不善，總內形得法，終不全吉」，就普通住宅的設計而言，也同樣是以天地的大空間、大背景為依據的。這種設計方法所依據的空間觀念，與《周易》中的天地廣大的空間觀念，是完全相通、一致的。

由於「內形」與「大形」不能分開，因此在室內空間與周圍的自然環境之間，也就產生了內外交流、彼此融通的相互依存關係。如古詩所謂「雲生樑棟間，風出窗戶裡」（郭璞），「隔窗雲霧生衣上，卷幔山泉入鏡中」（王維），「檐飛宛溪水，窗落敬亭雲」（李白），「窗影搖群動，牆陰載一峰」（岑參），「江山扶繡戶，日月近雕樑」（杜甫），「山月臨窗近，天河入戶低」（沈佺期），「無限青山散不收，雲奔浪卷入簾鉤」（蘇軾）。這種將建築物的室內空間與周圍的自然環境貫通一氣的方法，在古代建築設計中通常稱之為「借景」，所謂：

「借者，園雖別內外，得景則無拘遠近，晴巒聳透，紺宇凌空，極目所至，俗而屏之，嘉則收之。」①

「借景」在中國古代建築中，尤其在園林建築中，乃是一種通用的設計方法。清代李漁在談到一艘湖舫的設計時，對「借景」這種方法，也作了很生動的說明，謂：

①計成：《園冶·興造論》。

「開窗莫妙於借景……向居西子湖濱，欲構湖舫一隻，事事猶人，不求稍異，止以窗格異之。……坐於其中，則兩岸之湖光、山色、寺觀、浮屠、雲煙、竹樹，以及往來之樵人、牧豎、醉翁、游女，連人帶馬，盡入便面之中，作我天然圖畫，且又時時變幻，不為一定之形。」①

「借景」方法的運用，不僅極大地擴展了室內空間，打破了室內空間的局限，而且非常有效而巧妙地把建築物同周圍自然環境溝通、協調起來，從而極大地豐富和深化了人們對建築藝術的審美感受。

建築設計中的對稱、節奏之美

中國建築在形式美方面的要求，總的來看即是「和」。但達到「和」的方法很多，其中最主要的就是對稱和節奏。

一、對稱之美

從功利方面考慮，建築物的一個基本要求就是要牢固、安穩。從審美方面考慮，最能使人產生牢固、安穩感覺的，即是對稱。

在中國古代建築當中，最嚴格的對稱，可以從宮殿建築、帝王陵墓建築、佛道寺觀建築等建築類型中看出來。就宮殿建築而言，大約從周代開始就已經採用了對稱的布局（如《考工記》中所記載的周代明堂、宮室建築），而且一直延續到明清兩代。例如北京紫禁城的設計，即是非常嚴格的對稱布局，而且其中的每一個單體建築物，從各個立面上看，也形成明確的對稱（如天安門城樓）。這種對稱的設計，在視覺感受上，往往給人一種莊重、大方、氣派的印象，非常適合於旨在體現「大壯」之美的宮殿建築。

北宋文學家蘇轍《上樞密韓太尉書》上說：「至京師仰觀天子宮闕之壯，與……城池苑囿之富且大也，而後知天下之巨麗。」自古以來，帝王的宮殿多以壯大取勝。而所謂「壯大」，除了與其高、大有關之外，同時也與它的嚴整、對稱的設計和布局，有著非常密切的關係。

但是，從中國古代的建築來看，對稱之美還表現為大小、高低、遠近、向

①李漁：《閒情偶寄・居室部》。

背、曲直、開合、方圓等等的「對待」之美。如明代計成撰我國第一部園林專著《園冶・屋宇》中說「凡廳堂，中一間宜大，傍間宜小，不可均造」，即使在嚴格的對稱之中，也有著大小、高低、遠近的不同。

又如方的窗與圓的柱、直的屋面與曲的屋頂等等之間，也形成一種「彼此對待」的對稱之美，正如書法理論中所謂「方者參之以圓，圓者參之以方」①一樣，不僅增加了體勢的變化，而且在總體上保證了體勢的統一。這種「彼此對待」的對稱之美，正是《周易》及其卦象所體現的陰陽對待之美。

二、節奏之美

歌德說：「建築引起的心情很接近音樂的效果。」②黑格爾也說：「音樂與建築最相近。」③所謂「相近」，不是形態上的相似，而是節奏上的相似。或者說，建築中表現了類似於音樂那樣的節奏。

所不同的是，建築的節奏不是時間上的序列，而是空間上的序列。就中國古代建築而言，這種節奏表現在瓦、櫓、拱、樑、椽、柱、廊、欄、階、門、窗等的設計上及空間、布局、裝飾等的設計上，例如明代園林建築中的欄杆設計（見附圖十五）。就中國建築的節奏表現方法來說，最主要的方法有以下幾種：

第一，經由不斷的反覆表現節奏。例如，自下而上排列的臺階，從左至右或從右至左排列的柱子，均給人一種勻稱而有節奏地變化的美感。

第二，經由周期性的交替變化表現節奏。例如柱子和窗戶的等距離交替排列，按近代建築學家梁思成先生的說法，這種節奏與音樂的節奏十分相像，即如果是「一柱，一窗；一柱，一窗地排列過去，就像『柱，窗；柱，窗；柱，窗……』的四分之二拍子。若是一柱二窗的排列法，就有點像『柱，窗，窗；柱，窗，窗；……』的圓舞曲。若是一柱三窗地排列，就是『柱，窗，窗，窗；柱，窗，窗，窗；……』的四分之四拍子了」。④

第三，經由縱橫的層遞變化表現節奏。「層遞」與交替變化略有區別，即層

①姜夔：《續書譜》。

②歌德：《歌德談話錄》，人民文學出版社，一九八二年版，第一八六頁。

③黑格爾：《美學》，商務印書館，一九七九年版，第三卷上冊，第三五六頁。

④《藝術特徵論》，文化藝術出版社，一九八四年版，第一六三頁。

遞有著明確的方向，如大雁塔、六和塔等塔的設計，其層與層之間即表現為明確的層遞和節奏關係。此外，重檐的設計及縱深的空間安排，實際上也是一種層層遞進的變化，並表現出明顯的節奏感。

第四，經由大小、高低、遠近、陰陽、向背、動靜、虛實、開合、曲直、正側等的交錯變化表現節奏。這種方法同《周易》關於「交錯成文」的看法及「參伍以變，錯綜其數。通其變，遂成天地之文；極其數，遂定天下之象」的看法大有關係。清初思想家王夫之（一六一九｜一六九二）說「乾坤立而必交，……參伍不容均齊」①，清副貢生劉大櫆說「文貴參差。天之生物，無一偶者，而無一齊者」②，參差或參伍以變並非人為的結果，而實質是宇宙萬物變化的本質。從中國古代建築來看，它所要表現的也正是「隨基勢高下」、忽高忽低、忽遠忽近、忽上忽下、忽左忽右的參差錯落之美。計成說「合喬木參差山腰，蟠根嵌石，構亭臺錯落池面，篆壑飛廊」，「相間得宜，錯綜為妙」，「剎宇隱環窗，仿佛片圖小李；岩巒堆劈石，參差半壁大痴」③，這些看法蓋源自《周易》。就建築物的立基而論，因採取因地制宜的方法，其中即已表現出遠近高低各不同的參差錯落之美，並表現出忽遠忽近、忽高忽低的節奏韻律之美。

就建築物的立面、頂蓋、體量等方面而論，其中也有種種不同的變化，並在這種變化中表現出相應的空間節奏。

書法

中國書法是一種以對現實世界的各種事物、形態、結構和運動、變化的感知為基礎，以高度概括和抽象的線條為媒介，以生命情感的表現為內容的抽象表現藝術。

作為一種抽象表現藝術，中國書法的創造無論在形式上還是在實質上都同《周易》所揭示的宇宙生命的變化、發展規律密切相關，同時也同卦象構成的基本法則密切相關。

①王夫之：《周易外傳》。
②劉大櫆：《論文偶記》。
③計成：《園冶》。

象、文字、書法

從起源上看，書法是從一般具有實用功能的文字書寫而來的。書法的起源同文字的起源密切相關。而文字的起源，據古代不少理論家認為，又同《周易》卦象的創造有著直接的繼承關係。在古代的書法理論著作中，書法、文字與卦象三者的關係問題不僅牽涉到書法起源的解釋，而且牽涉到書法的藝術本質和審美特徵的解釋。

一、文字與卦象的關係

東漢文學家、經學家許慎（約五八—約一四七）在《說文解字》的序言中說：

「古者庖犧氏之王天下也，仰則觀象於天，俯則觀法於地，觀鳥獸之文與地之宜，近取諸身，遠取諸物，於是始作《易》八卦，以垂憲象。及神農氏結繩而治，而統其事，庶業其繁，飾偽萌生。黃帝之史倉頡，見鳥獸蹄迒之跡，知分理之相別異也，初造書契。……倉頡之初作書，蓋依類象形，故謂之文。其後形聲相益，即謂之字。」

這段論述在中國古代的文字和書法理論中，幾乎成為不易之論。後世理論家在談到文字及書法的起源時，多以之為依據。如後魏江式在《論書表》中就不僅沿襲了許慎的看法，而且明確肯定文字的創造與卦象的創造有著直接的關係。他在這篇表中說：「庖犧氏作，而八卦列其畫。軒轅氏興，而靈龜彰其彩。古史倉頡，覽二象之文，觀鳥獸之跡，別創文字，以代結繩。」

唐代著名書法理論家張懷瓘曾將這一類說法加以引申、發揮，從理論上對文字與卦象的關係進行了更深一層的說明。他認為：「夫卦象所以陰騭其理，文字所以宣載其能。卦則渾天地之窈冥，秘鬼神之變化。文能發揮其道，幽贊其功，是知卦象者，文字之祖，萬物之根。」①

這些說法中無疑包含著神秘和猜測的成分，如「倉頡造字」之類的說法。而

①張懷瓘：《書斷》上。

且認為文字產生於卦象之後或文字是以卦象為參照創造出來的，也都缺乏可靠的依據。但是，這些說法中也包括一些合理的成分，無疑有助於我們了解文字與卦象之間的關係。

從表面上看，文字與卦象並不相同，也看不出具體的繼承關係。構成文字的線條既不同於構成卦象的線條，而且也比構成卦象的線條複雜得多。但是，這種表面上的區分並不能抹煞二者之間的內在聯繫。儘管文字與卦象的創造究竟孰先孰後的問題目前尚無確切的定論，但二者的一致性卻是明顯可見的。具體說來，可以從以下幾個方面見出：

第一，文字與卦象的創造，所依據的原則是相同的，即都是建立在對現實世界各種事物的觀察基礎上的一種人為的創造。關於卦象的創造，在《繫辭下傳》中說得很明白，即是「仰則觀象於天，俯則觀法於地，觀鳥獸之文與地之宜，近取諸身，遠取諸物」的結果。同樣地，文字的創造也是以對外在事物的觀察為基礎的。許慎認為是「見鳥獸蹄迒之跡」的結果，張懷瓘則認為最早的文字——古文是倉頡「仰則觀奎星員曲之勢，俯察龜文鳥跡之文」①的結果。

據許慎的說法，中國文字的構造有六種基本的方法（即所謂「六書」，這種說法源自周代），即象形、指事、形聲、會意、轉注、假借。這六種方法中，象形是最基本的方法。象形的特點是「畫成其物，隨體詰詘」，很明顯是同對外部事物的模擬有關。其它各法雖側重於事、聲、意等方面，但同樣也離不開象形。

因此可以說，整個中國文字的構成即是建立在象形或建立在對外部事物的模擬基礎上的。但這種模擬並非真實、細緻、具體的描繪，而是一種高度概括化和規範化的抽象。因此，從作為一種抽象的符號來看，文字的構造與卦象的構造是相通的。儘管二者的抽象化程度不同，但力圖向抽象化、形式化方向發展的要求卻是一致的。

第二，文字與卦象的創造，均不僅僅只是一種抽象的形式結構，而且同時還包括超出形式結構之外的「意」，即均是用以說明和解釋與人事相關的各種事物及行為的。就卦象來說，六十四卦皆具有同人事吉凶禍福善惡相關的意義。而文字的創造，一方面是為了記載生活中的各種事物，如張懷瓘所謂：「夫文字者，總而為言，包意以名事也」，「書契者，決斷萬事也」②；另一方面又同政治倫理

①張懷瓘：《十體書斷》。
②張懷瓘：《書斷》上。

道德的倡明密不可分，即如許慎所謂「言文者，宣教明化於王者朝庭」，或如張懷瓘所謂「闡典墳之大猷，成國家之盛業，莫近乎書」①。無論是文字還是卦象，本身都具有和社會人事及政治倫理相關的深刻含意。

第三，文字與卦象的創造，均同宇宙生命的變化、發展規律密切相關，本身都是一種合乎規律的創造，並都具有秩序化、條理化和規範化的特徵。用《周易》的話來說，它們都屬於「文」或（與「天文」相符合的）「人文」的範圍。「文」是「物相雜」的結果，同時也是事物之間相互作用、相互影響的結果，或者說是宇宙生命變化、發展規律的感性表現。無論是文字還是卦象，都具有相對穩定的形式結構，並包含著後來在書法藝術中被進一步發揚光大的形式美的要素。

二、書法與文字及卦象的關係

從理論上看，書法的創造要比文字及卦象的創造更進一層。書法與卦象的相似性極少，而且同一般具有功用目的的文字書寫也相去甚遠。中國書法從最簡單的文字書寫，發展為一種高度自由的藝術，經歷了一個相當長的歷史時期。

但是，這一點並不能否定書法同文字及卦象的內在聯繫。書法的創造雖然同文字及卦象的構成不完全相像，但文字及卦象的構成特點卻始終被保留在書法的創造之中。

第一，書法的創造也同文字及卦象的創造一樣，是從對外部事物的觀察開始的。在理論上，東漢書法家崔瑗（七八—一四三）曾以《周易》的思想為依據，明確指出書法是「法象」的結果。雖然書法的象形因素自漢隸出現之後就已逐漸減弱，但書法的形象特徵以及同自然事物的形體、動態的關係卻並未減弱。張懷瓘在談到各種書體的風格特徵時說：

「大篆者，廣乎古文，法於鳥跡，若鸞鳳奮翼，虬龍掉尾，或花葉相承，或枯葉敷暢，勁直如矢，宛曲若弓，銛利精微，同乎神化……小篆者，鏤纖盤屈，或懸針狀貌，鱗羽參差而互進，圭壁錯落以爭明，其勢飛騰，其形端儼，……八分者，點畫髮動，體骨雄異，騰氣揚波，探靈索妙，……隸書者，字皆真正，曰真書。大率真書如立，行書如行，

①張懷瓘：《文字論》。

草書如走，其於舉趣，蓋有殊焉。」①

在從大篆到小篆，從小篆到八分，到隸（此處稱為「真書」）、行、草的發展過程中，我們可以看出書法中象形因素的逐漸減弱，或模擬外物的成分相對減少，但即使真、行、草這樣高度抽象的書體，也仍然保持著形象、生動的特徵，甚至比早期的大篆、小篆更鮮明、更突出。近人沈尹默說：「字的造型雖然是在紙上，而它的神情意趣，卻與紙墨以外的自然環境中的一切動態，有自然契合的妙用。」②中國書法的點畫與結構，都不同於機器印刷字體的點畫與結構，而具有與自然形態和結構相似的動態樣式。

從歷史上來看，真正具有獨創性的書法家，都無一例外地善於從自然萬象的種種變態中吸取創作的靈感。唐朝書法家懷素（七二五—七八五）說：「吾觀夏雲多奇峰，輒常師之，其痛快處如飛鳥出林，驚蛇入草，又遇折僻之路，一一自然。」③在這裡，關鍵的不是象形或對外部事物的簡單模仿，而是對外部事物的形態、結構和變化的抽象、概括。正如美籍華裔書法家蔣彝先生所說的：

「我們把……變幻難測的好筆畫，比作是山巒的起伏、河流的旋渦和虯枝的盤曲。但是，事實上我們從不曾要求把某一筆畫簡直寫成類似一件自然的物象。我們所要追求的是山巒、河流、樹枝固有的生命；我們所要再現的是書法作品如同自然之物那樣在不斷生長的動態。」④

書法的這種再現外物的方式，很明顯地是同卦象相一致的。

第二，書法也像文字及卦象一樣，都不僅僅停留在抽象的形式結構的創造上，而是試圖由抽象的形式結構，去表現那不可見的「意」。差別只在於，這個「意」對於文字及卦象來說，主要是指文字及卦象所包含的社會人事及政治倫理內容，而對於書法來說，則主要是指書法所包含的生命主體的情感內容。周星蓮

①張懷瓘：《六體書論》。
②沈尹默：《書法論叢》，上海教育出版社，一九七九年版，第十七頁。
③轉引自馮貫一：《中國藝術史各論》，上海書店，一九九〇年版，第十五頁。
④蔣彝：《中國書法》，上海書畫出版社，一九八六年版，第一二六頁。

《臨池管見》中說：

「古人謂喜氣畫蘭，怒氣寫竹，各有所宜。餘謂筆墨之間本足以覘人氣象，書法亦然。王右軍、虞世南字體馨逸，舉止安和，蓬然得春夏之氣，即所謂喜氣也。徐季海善用渴筆，世狀其貌如怒猊扶石，渴驥奔泉，即所謂怒氣也。褚登善、顏常山、柳諫議，文章妙古今，忠義貫日月，其書嚴正之氣溢於楮墨。歐陽父子，險勁秀拔，鷹隼摩空，英俊之氣，咄咄逼人。……坡老筆挾風濤，天真爛漫，米痴龍跳天門，虎臥鳳闕，二公書橫絕一時，是一種豪傑之氣……凡此皆字如其人，自然流露者。」①

以上的說法雖有簡單化的地方，但作為一種表現藝術，書法的創造同主體的個性情感有著密不可分的關係。從這個意義上說，書法也同文字及卦象的創造一樣，不僅是「遠取諸物，近取諸身」的結果，而且還要透過所「取」的「象」來表達「意」，顯示某種思想感情。

第三，書法的創造不僅包含而且擴展了文字及卦象所具有的形式美的因素。就文字而言，文字本身的象形特徵及結構關係是一切書法藝術的基本出發點。而各種文字的書寫，在履行各種具體的政治倫理功能之餘，也同時包含著審美的追求。商代甲骨文的書寫剛勁有力，結構皆力求平衡對稱，疏密得當，雖不是出於審美的目的，但卻能給人以一種美的感受。商周之際的鐘鼎、兵器銘文，本身即起著裝飾器物的作用，像花紋圖案一樣，給人以美的感受。至秦代的紀功刻石，則已是線條規整、生動有力的書法作品了。就卦象而論，條理化、秩序化的結構關係，以及其中所充分體現的陰陽互相對待或陰陽交替變化的形式美法則，均對後世的書法藝術創造產生了深遠的影響。

書法與生命的關係

《周易》把整個宇宙看成是一個生命整體。同樣地，中國書法家也把書法作品當成一個活的有機體來看待。因此，中國書法的創造，一方面致力於純形式美

①轉引自馮貫一：《中國藝術史各論》，上海書店，一九九〇年版，第十三頁。

的創造，另一方面則致力於生命情感的高度自由的表現。就二者的關係而言，後者比前者更重要。德國古典唯心主義哲學家黑格爾（一七七〇—一八三一）說，藝術作品「不只是用了某種線條……就算盡了它的能事，而是要顯現出一種內在的生氣、情感、靈魂、風骨和精神」。①

這個看法用來說明中國書法的本質是非常合適的。

中國書法之所以能成為一種高級的藝術，除了它本身所具有的形象特徵和形式結構的美之外，更重要的原因是因為它的造型同宇宙生命的變化、發展規律有著十分密切的關係。中國書法的點畫結構或造型是富有動感和力度的，充分體現了宇宙生命變化、發展規律的點畫結構或造型。中國書法在本質上不僅是線的藝術，而且更是動的藝術。

書法家所致力的目標決不僅僅是經由點畫創造抽象的形式，而是要透過抽象的形式表現出宇宙生命的變化、發展規律及豐富的社會人生內容。書法的形式，用蘇珊•朗格的話來說，本質上是一種「生命形式」。從理論上看，歷代書法理論家對書法的探討，也都不僅僅限於技法的解釋和說明，而是力圖從宇宙生命的變化、發展角度，去把握中國書法的內在精神。而對於一般欣賞者來說，對於書法藝術作品的鑒識，也不應僅僅限於書法的點畫結構，而是要由點畫結構去領悟那支配點畫結構使其意態完足、情趣盎然的內在生命。

從這個意義上說，中國書法與《周易》的聯繫決不只是書法形象與卦象的某些類似。事實上，中國書法從《周易》那裡所承受的影響涉及到《周易》的整個世界觀，並表現在一些最基本的書法藝術觀念上。這一點，可以從歷代書法理論家對「形」、「勢」、「骨」、「力」、「意」等概念的反覆論述中看出來。

一、「形」與「勢」

書法首先是一種形的創造，它所顯示給欣賞者的，也首先是可見的、具體的形。從藝術分類學的角度來說，書法是空間藝術，它的「形」不同於作為時間藝術的舞蹈的「形」。因此，它的「形」在客觀上是靜止的、固定的。但書法的「形」雖然是靜止的、固定的，卻給人以運動、變化的感受。即使是一個小小的「點」也充滿了運動、變化的生機和趣味。

①黑格爾：《美學》，第一卷，第二五頁。

《筆陣圖》中說「點如高峰墜石」，點可以使人產生墜落的感覺。《永字八法》中稱「點」為「側」，點也可以使人產生傾斜的感覺。至於與「點」不同的「畫」（線條），則其變化更為多樣。而且不僅點和畫能給人這樣的感受，點畫之間的結構以及全幅作品中字與字的結構，也同樣能給人以這樣的感受。從這個意義上說，書法的「形」又不只是單純的、靜止的、固定的「形」，而是與舞蹈的「形」頗為類似和相通的「形」。

書法作品中這種運動效果的創造，同書法家對「勢」的把握是分不開的。「形」與「勢」在中國書法理論中是一對重要的概念。這兩個概念有時聯合在一起而統稱之為「形勢」，有時則分開來說而成為兩個意義不盡相同的概念。清書法家馮武在《書法正傳》中談到「側」的時候說：「點之變無窮，皆帶側勢蹲之。首尾相顧，自成三過。筆有偃仰向背飛伏立等勢，柳葉鼠矢蹲鴟栗子等形。」在這裡，「形」與「勢」的區別在於一為靜一為動。就兩者的關係而言，「勢」是依賴於「形」並且是寓於「形」之中的，沈尹默說：

「不論石刻或是墨跡，表現於外的，總是靜的形勢，而其所以能成就這樣的形勢，卻是動作的成果。動的勢，今只靜靜地留在靜的形中。要使靜者復動，就得經由耽玩者想像體會的活動，方能期望它再現在眼前，於是在既定的形中，就會看到活潑地往來不定的勢。在這一瞬間，不但可以接觸到五光十色的神采，而且還會感覺到音樂般輕重疾徐的節奏。」①

在歷史上，最早對「形」，特別是是對「勢」作了全面系統的論述，並且將之同《周易》的思想聯繫起來的，是東漢大書法家蔡邕（一三三—一九二）。從《周易》來看，提到「形」的地方相當多，如「雲行雨施，品物流形」（「乾」），「在天成象，在地成形」（《繫辭上傳》）。提到「勢」的地方有一處，即《彖辭上傳》中所說的「地勢坤」。據王弼的注解，這句話的意思是說「地形不順，其勢順」。「順」在這裡是順應的意思，也可作動詞理解。從這個意義上說，《周易》中所講的「順」、「逆」、「開」、「闔」、「往」、

①沈尹默：《書法論叢》，上海教育出版社，一九七九年版，第二七頁。

「來」、「進」、「退」等概念都是與「勢」的概念相通的，或者說都是「勢」的具體表現。

蔡邕對書法的解釋，明確地以《周易》作為其立論的出發點。他在《筆賦》中說「書乾坤之陰陽，贊三皇之洪勛」，又在《九勢》中說「夫書肇於自然，自然既立，陰陽生焉；陰陽既生，形勢出矣」，認為書法的創造同自然界的運動、變化規律有關，同《周易》中所講的陰陽變化規律有關，並認為形勢是陰陽變化的結果或表現。

自蔡邕之後，「形」，特別是「勢」的概念在書法理論中頻繁出現。如：

「逸少學鍾書，勢巧形密」。①

「若探妙測深，盡形得勢，煙華落紙將動，風彩帶字欲飛。」②

「或體殊而勢接，若雙樹之交葉，或區分而氣運，似兩井之通泉。」③

「筋骨相連而有勢。」④

從前人關於「勢」的一些論述來看，「勢」的本質是動，有動才有勢。具體來看，「勢」的含義涉及到以下幾個方面：

第一，「勢」首先是指運筆的方向及筆在紙上運行所產生的軌跡（點、畫）或點畫在視覺上所造成的方向感。從這個意義上看，偃、仰、向、背、往、行、收、放、順、逆、上、下、左、右等等，都是「勢」的表現。

第二，「勢」也指筆畫之間或字與字之間的流通照應。如「上皆覆下」、「下以承上」、「左右回顧」⑤等等，都是「勢」的表現。在這裡，「勢」的作用在於使分散的筆畫或字形聯結成一個有機的整體。

第三，「勢」與「形」有關。正如自然事物既有形又有勢一樣，成功的書法

---

①梁武帝：《觀鍾繇書法十二意》。
②庾肩吾：《書品論》。
③張懷瓘：《書斷》。
④豐坊：《筆訣》。
⑤蔡邕：《九勢》。

藝術作品也是形與勢的有機統一。

第四，「勢」與「筋骨」有關。從用筆的角度來看，「筋骨」的表現又同蔡邕所謂「令筆心常在點畫中行」①即中鋒用筆有關。從美學上看，「勢」與「筋骨」有關同時也就意味著「勢」與點畫和字形結構中所表現出來的力度有關（如蔡邕所講的「疾勢」、「澀勢」②）。因此，「勢」的美，也就是力的美，也就是《周易》中所說的「剛健中正」的美。

第五，從更大的範圍上講，「勢」同宇宙天地陰陽的變化有關，同時也同書寫者的筋肉活動及人格修養有關。

總的來說，「勢」的概念同《周易》中所說的宇宙生命的運動、變化、發展規律有關，同時又充分地體現了《周易》中所崇尚的剛健中正的美。進一步說，書法理論中所講的「形」與「勢」這對概念，直接地是講書法作品的結構，間接地看則同外部事物的形、勢及主體的筋肉活動和人格力量有關係。在這裡，書法與人及天地萬物之間，事實上也存在著一種異質同構的關係。從理論上看，這對概念的提出，既是對書法與自然的關係的進一步說明，同時也間接地闡發了書法與主體生命的內在聯繫。

二、「骨」與「力」

唐代書法家顏真卿《述張旭筆法十二意》中說：「力謂骨體」，「趣筆則點畫皆有筋骨，字體自然雄媚。」他的意思是說，書法必須以筋骨為主幹，由快速而有節奏的運筆將人身體的力量（包括指、腕、臂乃至全身的力氣）注入點畫之中，使之表現出深厚、沉著的力量的美感。

在中國古代書法理論中，「骨」和「力」的問題具有十分重要的意義。從這個問題，可以更清楚地了解書法與生命的內在關係。

中國古代書法理論中一個占主導地位的觀念，就是從人的生命出發去對書法加以說明、解釋和評論，將書法的點畫結構同人的身心結構聯繫、對應起來。蘇東坡說「書必有神、氣、骨、肉、血，五者闕一，不為成書也」③，即是把書法當成人來看待。但就書法的形式結構而言，其中最重要的又是「骨」的確立，如唐

①蔡邕：《九勢》。
②蔡邕：《九勢》。
③《東坡題跋》上卷《論書》。

朝書法家徐浩（七〇三—七八二）所謂「初學之際，宜先筋骨。筋骨不立，肉何所附」。

在歷史上，對書法中「骨」的問題進行最早研究的，可能是三國時魏書法家鍾繇（據元代鄭杓《衍極》載，鍾繇曾作《筆骨論》）。自魏末以後，「骨」被作為一個重要的美學概念來加以廣泛的討論。如：

「其骨梗強壯，如柱礎之丕基。」①

「濃纖有方，肥瘦相和，骨力相稱。」②

「善筆力者多骨，不善筆力者多肉。多骨微肉者謂之筋書，多肉微骨者謂之墨豬。多力豐筋者聖，無力無筋者病。」③

「惟在求其骨力，而形勢自生耳。」④

「書若人然，須備筋骨血肉，血濃骨老，筋藏肉潔，加之姿態奇逸，可謂美矣。」⑤

「骨」與「筋」的意義相近，都是講用筆有力。在用法上，「筋」的概念還包括用筆要有韌性和彈性的意思在內。清朝文學家劉熙載（一八一三—一八八一）《藝概・書概》中認為，「骨」與「筋」的區別在於前者是一種「果敢之力」，後者是一種「含忍之力」。從具體的書法作品來說，最重「骨力」的是唐代的書法，其中尤以顏真卿、柳公權二人的楷書為最。顏的書法氣勢磅礴，柳的書法舒挺勁拔。從總體上看，他們二人的書法都是強調骨力的，而且都充滿了陽剛之美（見附圖八和圖九）。

從前人的一些論述來看，「骨」的具體含義主要涉及到以下幾個方面：

第一，「骨」是字的主幹，是「肉」、「血」、「神」、「氣」等的載體。即如張懷瓘所謂「以筋骨立形」⑥，無筋無骨，則形無所立。

①楊泉：《草書賦》。
②梁武帝：《答陶隱居》。
③傅衛夫人：《筆陣圖》。
④《唐太宗論書》，載《佩文齋書畫譜》卷五。
⑤康有為：《廣藝舟雙楫・碑評十八》。
⑥張懷瓘：《文字論》。

第二，「骨」與用筆有關，是用筆使轉結實有力的表現。中國書法所用的毛筆，具有銳、齊、圓、健的特點，如果運用得法，可以產生剛勁有力的線條。

第三，「骨」與書寫者的筋肉活動及內心修養有關。東漢名士趙壹《非草書》中說：「凡人各殊氣血，異筋骨。心有疏密，手有巧拙。書之好丑，在心與手，可強為哉？」即認為書法同人的筋骨、手的活動和心的涵養有關。

第四，「骨」的確立，是為了表現力量，「力」是以「骨」為依據，並且也是由「骨」來表現的。中國古代歷來認為，人體生命的力量是同「骨」分不開的。同樣，作為人的生命表現的書法，其力量的表現，也是同「骨」密切相關的。沒有「骨」，也就沒有力。骨的美也就是力的美，力的美就是骨的美，二者根本上就是一個意思。

強調「骨」和「力」的表現，可以說是中國書法的一個主導傾向。在甲骨文中，從那些堅實、凌厲的點畫，已經可以清楚地見出骨力的表現。此後的篆、隸、草、楷各種書體，雖形態各異，但在強調骨力的表現這一點上，卻是始終一貫的。

從思想淵源上看，這種觀念同《周易》中的一些基本看法也是相通的。《說卦傳》中說：「坎……其於馬也，為美脊。」脊也就是脊骨。在《易傳》的作者看來，這種骨是美的。為什麼是美的呢？因為從易學的觀點看，骨屬陽，具有剛健的特點。從坎的卦象上看，中間陽爻即如馬脊，因此所謂「美的馬脊」，是從《周易》中所說的「剛健中正」的觀念推演出來的。聯繫到書法來看，坎的卦象頗似中鋒運筆或蔡邕所謂「筆心中行」，其上下陰爻與中間陽爻的關係也酷似書法理論中所講的「肉」與「骨」的關係。

從《周易》一書來看，它雖然沒有直接討論「骨」、「力」問題，但它把「美」同「脊」，進而把「脊」同「陽」、「剛」聯繫起來的觀念，對書法家的創作是有啟發的。

此外，更重要的一點是，《周易》中廣泛地討論了生命問題。《周易》不僅揭示了生命中周而復始、永恆不息的生長、變化和發展的規律性，而且十分推崇在這種生長、變化和發展中所表現出來的強大的力量和美（「大」、「剛健」等等）。從書法的角度來說，「骨」和「力」的表現，從本質上來看是同生命運動的力量和美有關的，或者說，它正是這種力量和美的藝術表現。

三、「形」（「象」）與「意」

書法是一種造型藝術，其直接目的是形式結構的創造。但這形式結構並不是一些毫無意義的點畫堆砌。在藝術創造中，所謂「純粹的形式」事實上是根本不存在的。俄國抽象派畫家康丁斯基說：「一件藝術作品的形式由不可抗拒的內在力量所決定，這是藝術中唯一不變的法則。一件優美的作品是內涵和外表統一和諧的結果：換句話說，一幅畫是個精神有機體，它像一切物質有機體一樣，是由很多部分組成的。」①因此，「形式『沒有意思』『不能傳義』的說法是非常錯誤的。世界上每一個形式都表達著某種意義。」②

就中國書法而言，「形式」同點畫及字形、篇章結構有關，而「不可抗拒的內在力量」則同前面所講的「勢」、「骨」、「力」有關，並且同書法理論中所反覆討論的「意」有關。

在書法理論和書法創作中，「形」與「意」或「象」與「意」的關係問題，同樣也是一個至關重要的問題。在一定意義上說，書法之所以能超出書寫的範圍而成為一種高級的藝術，關鍵即在於書法的「形」或「象」能夠傳達出某種不限於字義的「意」。

在書法理論中，「形」與「意」或「象」與「意」的關係問題，直接淵源於《周易》，並且自漢以後就被作為一個帶根本性的問題來加以探討和研究。在歷史上，漢代的揚雄、崔瑗、蔡邕等人都曾間接地談到了「意」的表現問題。但明確地提出「意」的概念的，則是兩晉的成公綏、索靖等人。如成公綏《隸書體》中說：「工巧難傳，善之者少，應心隱手，必由意曉」；索靖《草書狀》中說：「科斗鳥篆，類物象形；睿哲變通，意巧滋生」。從美學上說，對「意」進行了較為系統、深入的論述的，是東晉大書法家王羲之（三〇三—三七九）。

王羲之的書法理論專從「意」上立論，同時又特別注重「象」的美。從思想淵源上看，王羲之書論中的「意」這個概念，源自《周易》，並同時受到了魏晉玄學的影響。他所說的「意」，帶有微妙難言的特點，如「須（頃）得書，意轉深，點晝之間皆有意，自有言所不盡。得其妙者，事事皆然」。③

①康丁斯基：《論藝術的精神》，中國社會科學出版社，一九八七年版，第十二頁。
②康丁斯基：《論藝術的精神》，中國社會科學出版社，一九八七年版，第三七頁。
③《晉王右軍論書》，載《法書要錄》。

自王羲之之後，以「意」論書或強調書法對「意」的表現的，代不乏人。如「夫翰墨文章，至妙者皆有深意，以見其志，覽之即令了然」①，「及乎蔡邕張索之輩，鍾繇衛王之流，皆造意精微，自悟其旨也」②。至宋代，「意」的概念頻繁出現。歐陽修（一〇〇七—一〇七二）、蘇東坡等人論書，即全在「意」上下功夫。

要了解書法理論中所講的「意」，首先必須弄清楚，它不是指文字的含義。書法同文字本身所固有的含義，在絕大多數情況下沒有直接的關係，它已超出了文字原有的含義，而成為書寫者的思想感情的自由抒發。書法理論中所講的「意」，同書寫者有關。具體說來，有以下幾個方面的意思：

第一，「意」指創作者的意圖，即創作者在創作之前對整個作品的藝術效果的一種預想。

第二，「意」指創作者對筆墨技巧所包含和呈現的思想情感、審美意味的領會，即所謂「筆意」，如蘇東坡所說的「出新意於法度之中」。③

第三，「意」指創作者的思想感情或願望、志向。宋代書論中所講的「意」或「寓意」的「意」，即多為這一層含義，如歐陽修在《學真草書》一文中所說的「有以寓其意，不知身之為勞也」。

第四，「意」指表現於書法中的創作者的某種微妙難言的審美情感意味。王羲之所說的那種「言所不盡」的「意」，便是從這個意義說的。

總之，無論哪一層含義，都同主體的心靈或內心生活有關。「意」這個概念的引入，在書法創作和理論研討中，均具有多方面的意義，從根本上使中國書法擺脫了象形和模仿的約束，但又不失具象意味，而成為一種更帶抒情色彩的藝術，並從一個重要的方面揭示了書法同人的生命之間的內在關係。

用筆、結體、章法中的易理

《周易》對中國書法的影響，不單體現在理論上，而且也體現在技法或書法的形式結構上。書法藝術的用筆、結體、章法和用筆、結體、章法中所表現的形

①張懷瓘：《書議》。

②虞世南：《筆髓論》。

③蘇東坡：《書吳道子畫後》。

式美，總的來看，即是與《周易》的卦象構成相通一致，並充分地體現了宇宙天地陰陽變化、發展規律的「大和」之美。

一、關於用筆

中國書法是以具有韌性的毛筆書寫而成的。書法的好壞，從最直接的意義上說，在於用筆的好壞。所謂「用筆」，字面上的意思是指筆的運用，而實際上卻包括執筆、運筆等多方面的意義。執筆是指握筆的方式，據歐陽詢、褚遂良等人的論述，執筆的要領是虛掌、平腕、實指、豎手，執筆的根本目的是為了控制書寫的力量，同書寫者全身的姿勢和手的筋肉活動有關。

運筆的直接意義是指筆在紙上運行的方式（方向、速度、力度），是執筆之後的動作，有起、提、按、轉、折、頓、挫、蹲、駐、掄、搭、行等多種方法。運筆的基本要求：一是要有力度；二是要有變化；三是要有收有放，有順有逆，有遲有速，有抑有揚，以充分發揮毛筆的銳、齊、鍵、圓的性能為上。明朝大臣解縉《春雨雜述》中講，運筆必須「周而折之，抑而揚之，藏而出之，垂而縮之，往而復之，逆而順之，下而上之，襲而掩之」。這種要求從根本來說是以天地萬物的變化、發展規律為依據的。《周易》中說「無往不復，天地際也」，天地的變化、發展正是在往復、順逆等等對立面的相互統一中展示出來。

此外，運筆或用筆有時也單指筆在紙上運行的軌跡（「痕跡」），即筆畫或點畫。

書法的筆畫多種多樣，單就楷書而言，據前人的論述，就有側、勒、努、趯、策、掠、啄、磔八種，相當於現在所說的點、橫、撇、捺等幾種主要的筆畫。所謂「用筆的美」，指的即是筆畫的美或點畫的美。

從美學上看，點畫的書寫主要有三個方面的要求，而且其中每一個要求都同《周易》及其卦象的構成有著直接或間接的關係。這些要求即是：

第一，點畫的書寫必須造成一個實在的形體，給人以可視的形態、體積和重量感，並能使人產生豐富的聯想和想像（見附圖十七）。以《周易》的觀點來看，即點畫的書寫必須取法天地萬物的形象。蔡邕《筆論》中說：「為書之體，須入其形。若坐若行，若飛若動，若往若來，若臥若起，若愁若喜，若蟲食木葉，若利劍長戈，若強弓硬矢，若水火，若雲霧，若日月，縱橫有可像者，方得謂之書矣。」這裡講的字形，自然也包括點畫在內。

傳為衛夫人所作的《筆陣圖》中，對此說得更具體，即：

「一，如千里陣雲，隱隱然其實有形。丶，如高峰墜石，磕磕然實如崩也。丿，陸斷犀象。乚，百鈞弩發。丨，萬歲枯藤。㇏，崩浪雷奔。㇆，勁弩筋節。」

這些看法，很顯然同《周易》的「觀物取象」的觀念有關。從這個意義上說，書法的點畫與數學意義上的點線是大不一樣的。劉熙載說「書有陰陽，如橫則上面為陽，下面為陰；豎則左面為陽，右面為陰」，又說：「每作一畫，必有中心，有外界。中心出於主鋒，外界出於副毫」①，這裡所講的即是點畫的形體或體積感。

第二，每一點畫的書寫，必須顯示出運動的氣勢、力量和意趣。中國文字的書寫，從執筆和運筆，都是充滿運動的。就筆畫而論，書法的點和線都是處在變化之中的。在書法中，沒有絕對處於水平或垂直方向上的點和線。所有的點和線都有著形態、體積、重量（份量）、質感和方向上的不同變化，並顯示出生動、有力的美感。

中國書法強調對運動、變化的表現，這個觀念無疑是從《周易》中來的。儘管道家也講運動、變化，但道家主要是從消極的意義上去講運動、變化的，而且他們的最終目的不是強調動而是強調靜。而《周易》所強調的則是力，是宇宙生命的永無止息、充滿力量且日新月異的運動。這種主張同歷代書法家所追求的目標是一致的。劉熙載說：「為書之體，須入其形，以若坐、若行、若飛、若動、若往、若來、若臥、若起、若愁、若喜之狀。」②坐、行、飛、動、往、來、臥、起是動，愁、喜也是動（古人謂「情動於中」，情感本身也是運動，並由表情和動作體現出來）。即使端正平穩的楷書，據劉熙載的看法，也應「居靜以治動」。而「動」通常又同「氣勢」和「力量」的觀念分不開，同「筋」、「骨」及書法家內心情感的表現分不開。

據唐代竇暨《述書賦》的解釋，「動，如欲奔飛曰動」，動具有奔飛的態

①劉熙載：《藝概・書概》。

②劉熙載：《藝概・書概》。

勢，而要具有這樣的態勢，又必須以「力」作為後盾，故「力」也稱「動力」，如朱長文《續書斷》中謂懷素「嘗觀夏雲隨風變化，頓有所悟，遂至妙絕。如壯士拔劍，神彩動力」（見附圖十）。

第三，每一點畫的書寫，必須符合形式美的要求，即每一點畫的書寫必須方圓、肥瘦、藏露相稱。南宋姜夔《續書譜》中說：「方圓者，真、草之體用。真貴方，草貴圓，方者參之以圓，圓者參之以方，斯為妙矣」，又說：「用筆不欲太肥，肥則形濁；又不欲太瘦，太瘦則形枯；不欲多露鋒芒，露則意不持重；不欲深藏圭角，藏則體不精神」，即要求點畫必須符合形式美的要求。古人講，點畫的書寫有八病：牛頭、鼠尾、蜂腰、鶴膝、竹節、棱角、折木、柴擔。這八種點畫之所以是一種「病」，之所以不美，原因即在於違反了方圓、肥瘦、藏露相稱的形式美法則（見附圖十八）。

點畫的形式美，主要是經由方圓、肥瘦、藏露等等對立面的統一而表現出來的。這個道理，總的來看，就是《周易》中所講的「剛柔相摩」、「剛柔相推」、「迭用柔剛」、「夫乾，其靜也專，其動也直」（《繫辭上傳》）、「坤，至柔而動也剛，至靜而德方」（《文言傳·坤文言》），同時也就是卦象中所體現的陰陽相對的形式美法則。

二、關於結體和章法

書法是以抽象的形式結構反映現實世界的，結構的創造在書法中具有至關重要的意義。在書法中，結構包括結體和章法兩個方面。結體也叫結字，指的是字形結構或一字之內各點畫之間和點畫與空白之間的內在關係。章法也叫布局，指的是全篇的結構或一篇之內各字之間、各行之間和各字、各行與空白之間的內在關係。

關於結體和章法，前人論述甚多。僅以結體而論，相傳歐陽率更曾創排疊、避就、頂戴、向背、偏側等三十六法。明代李淳在這個基礎上，增而益之，別創天覆、地載、讓左、讓右等法，竟達八十四種之多。

從美學上看，結體和章法的總要求，主要表現在以下幾個方面：

第一，書法的字形篇章結構必須符合平衡對稱的法則。從《周易》的觀點看，宇宙生命的本質在於「生」，而要「生」，必須「和」。換句話說，宇宙生命是運動變化的，同時又是或應該是協調統一的。只有達到某種「平衡態」，宇宙生命才能得到健康正常的發展。同樣地，在書法中，點畫的書寫充滿了無窮的變化，但這種變化如果缺乏統一就必定流於散亂、駁雜。

從中國書法的發展來看，追求變化和追求統一可以說是兩個並行不悖的要求。而「統一」的一個最基本的方法就是平衡對稱。嚴格的對稱在小篆的一些字例中可以看得很明顯(見附圖七)，而平衡則見於所有的書體。小篆以外的書體儘管不太講究嚴格的對稱，但卻力求由方圓、肥瘦、藏露、虛實、收放、開合等等的對立統一來求得總體上的平衡。古人一再指出，書法的結構要「平正安穩」①，「四滿方正」②，「初學分布，但求平正，既知平正，務追險絕，既能險絕，復歸平正」③，「不欲上小下大，不欲左低右高，不欲前多後少」④，皆是講書法的結構必須符合平衡對稱的形式美法則。

第二，書法的字形篇章結構必須符合流通照應的法則。古代書法理論中所講的「上下相接」，「上皆覆下」，「下以承上」，「遞相映帶」，「潛相矚視」，「彼此顧盼」，「相管領」，「相朝揖」，都是指字形篇章結構中的流通照應。如宜、宇、宙、宮、室等字，在寫法上要上寬下窄，以使上能覆下；直、且、至、里、叢等字，在寫法上要上輕下重，以使下能承上；小、北、八、呂、多、爻及射、端、楷、弧、感、量等字，在寫法上要充分考慮左右、上下的應接，使其潛相矚視、彼此顧盼而構成一個聯貫的整體。

又《王氏書苑》載解縉論書的話說：「其一篇之中，可無潔矩之道乎，上字之於下字，左行之於右行，橫斜疏密，各有攸當，上下連延，左右顧矚，八面四方，有如布陣，紛紛紜紜，斗亂而不亂，渾渾沌沌，形圓而不可破」，從整幅作品來看，同樣也必須使其字與字、行與行之間彼此銜接，互相照應。

第三，書法的字形篇章結構必須符合多樣統一的法則。在書法中，「多樣」指筆畫、字形的變化，「統一」指筆畫、字形之間的相互聯繫、相互依存。對於成功的書法創作來說，多樣和統一都不可缺少。傳王羲之《題衛夫人筆陣圖後》說：「若平直相似，狀如算子，上下方整，前後齊平，此不是書，但得其點畫

①王羲之：《書論》。
②歐陽率更：《書三十六法》。
③孫過庭：《書譜》。
④姜夔：《續書譜》。

耳。」意即要求點畫多樣，有所變化。如照、烈、然等字的下面四點，三、眾、朋、串、多、豐、蕊等字的各個組成部分，如果寫得沒有區別，就缺乏美感。但如果將之任意加寬、拉長、傾斜而不考慮其中的相互聯繫，也同樣缺乏美感。《法書通釋》載張紳論書的話說：「立一字為一篇之主，分其章，辯其句，為之起伏隱顯，為之向背開合，為之映帶變換，情狀可以生，形勢可以定，始可言書矣。」意即要求點畫、字形、篇章結構中應求得最大限度的統一。一句話，中國書法的形式美的創造，離不開易學提出的在變化中求統一，在統一中求變化這樣一個總的原則。

繪畫

繪畫是一門以再現外物為主要特徵的空間造型藝術。在視覺感受上，它比起抽象的書法來，要顯得具體一些。但是，再現外物並不是中國繪畫的最終目的，所謂「具體」，也不等於是外部事物的簡單模仿或復製。從總的藝術觀念上看，中國繪畫與書法之間，並沒有本質上的不同。而且它們所賴以存在的思想基礎，都同《周易》有著極為密切的關係。

現代美學家宗白華說：「中國畫所表現的境界特徵，可以說是根基於中國民族的基本哲學，即《易經》的宇宙觀：陰陽二氣化生萬物，萬物皆稟天地之氣而生。」①從哲學上看，中國繪畫和書法，都是一種既有著生動可感的形象，同時有著深邃的理性精神或哲理精神的藝術。

繪畫與卦象的異同

王微《繪畫》中引南朝宋文學家顏延之（三八四—四五六）的話說：「圖畫非止於藝行，成當與《易》象同體。」又張彥遠《歷代名畫記》中載顏延之的話說：「圖載之意有三：一曰圖理，卦象是也；二曰圖識，字學是也；三曰圖形，繪畫是也。」在中國歷史上，顏延之是第一個明確地將繪畫同《周易》聯繫起來分析、考察的人。

從理論上看，繪畫與《周易》的關係表現在兩個方面：一是表現在《周易》

①宗白華：《藝境》，北京大學出版社，一九八七年版，第一一八頁。

的思想對整個中國繪畫藝術觀念的影響上；二是表現在《周易》卦象與繪畫形象之間的彼此相通、一致上。

《周易》卦象與繪畫形象的相通、一致，具體來說，主要又表現在以下三個方面：

第一，繪畫與卦象均為「圖」，即均具有訴諸視知覺經驗的感性形式，而且均離不開一個基本的構成要素即線條。

第二，繪畫與卦象的產生，都是取法自然的結果，並且都含有模擬、再現自然現象及其變化、發展規律的成分。從古人對「畫」、「卦」、「象」等概念的解釋來看，二者之間具有很明顯的類似之處。《爾雅·釋言》說：「畫，形也。」《廣雅》說：「畫，類也。」《釋名·釋書契》說：「畫，繪也，以五彩繪物象也。」意思都是說繪畫乃是一種以具體的形象描繪、再現外部客觀事物的藝術。其構成和功能與卦象相通，因為「卦者，掛也，掛物象於上以示人也」①，而且「八卦成列，象在其中矣」（《繫辭下傳》），「象也者，像也」（《繫辭下傳》）。

繪畫作為一種空間造型藝術，雖說不僅僅侷限於模仿、再現外部自然，但

「輕墨落素，有象因之以立」②，形象是它得以成立的首要條件。而繪畫的形象，無論是「具象」還是「抽象」，均有著或必定有著現實的根據。

此外，從古人對繪畫和卦象起源的解釋來看，二者之間也同樣具有非常明顯的相通之處。《繫辭上傳》和《繫辭下傳》均認為，卦象是包犧氏通過觀天法地而創造出來的。同樣地，古人也認為，繪畫是畫家通過「師造化」（張璪）、「度物象」（荊浩）而創造出來的。繪畫與「造化」（自然萬物）之間，不僅具有形態上的類似，而且具有結構、變化上的類似：

「古人之書畫，與造化同根，陰陽同候。」③

「天地以氣造物，無心而成體。人之作畫亦如天地以氣造物，……，非到純粹以精，不能如造物之無心而成形體也……曾見文登石，

①《易緯》。

②朱景玄：《〈唐朝名畫錄〉序》。

③周二學：《乙角編》載龔賢語。

每有天生畫本，無奇不備，是天地臨撫人之畫稿耶？抑天地教人以學畫耶？細思此理，莫之能解，可見人之七竅即天之竅也。《易》曰：『在天成象，在地成形』，所以人之聰明智慧則謂之天資。畫理精深，實奪天地靈秀。」①

這些論述，其思想蓋出自《周易》。而且其對繪畫起源的解釋，也同《繫辭傳》對卦象起源的解釋，在意思上極為相近。無論卦象還是繪畫，它們與自然萬物的結構、變化規律之間，都有著一種異質同構的關係。

第三，繪畫與卦象都不只是一種單純的形式結構，或者說不僅僅滿足於形式結構的創造。王弼說：「夫象者，出意者也」②，卦象創造的真正動機是在於揭示宇宙生命的變化、發展規律，以給人提供行為的準則和指導。同樣地，繪畫也不僅僅滿足於對外界事物的再現（「類」）和畫面形象的創造。後梁荊浩《筆法記》中說：「象之，死也」。單純強調與外物的肖似，相似，則「象」為死象，畫也為死畫。畫的真正動機，據荊浩的看法，是「度物象而取求其真」。這個「真」，不是事物的表面形態，而是事物的內在生命。

又張彥遠《歷代名畫記》中說：「意在五色，則物象乖矣。」這就是說，如果畫家只留心於畫中的色彩，那就會反而背離了真正的物象，失去了物象的生命。因此，畫的真正動機，據張彥遠的看法，是對「陰陽陶蒸，萬象錯布。玄化亡言，神工獨運」即宇宙生命萬物的變化、發展規律的領悟。

用《周易》的話來說，畫的真正動機在「道」不在「器」。正因為這樣，它才能如顏延之所說的「成當與《易》象同體」，或如張彥遠所說的「與六籍同功，四時並運」，並起到「成教化，助人倫，窮神變，測幽微」、「明勸誡，著升沉」③的作用。

但是，儘管繪畫的形象與卦象之間有著相近或相通的一面，但卻又不能將二者簡單地等同起來。歷史上雖有繪畫起源於卦象的說法，但這種說法並沒有可靠的依據。而且從繪畫的發展來看，繪畫的產生當在八卦的創立之前。八卦或六十

①松年：《頤園論畫》。

②王弼：《周易略例·明象》。

③張彥遠：《歷代名畫記》。

四卦儘管具有具體可感的特徵，但究竟不是一種藝術形象。卦象是「圖理」，繪畫是「圖形」。就二者的區別而言，卦象雖含有感性的成分而偏重於理性，繪畫雖含有理性的成分而偏重於感性。而且，卦象對宇宙生命變化、發展規律的表現是透過抽象的符號，繪畫對宇宙生命變化、發展規律的表現則是透過筆墨和色彩。因此，對二者關係的理解，不能從形態上去理解，而主要應該從結構規律或「道」、「理」上去理解。

從《周易》看繪畫的本質

繪畫在古代也叫「圖畫」，而且一開始就具有象形或再現的特徵。由於具有這樣的特徵，也就很容易同圖解和圖示混淆起來。明文學家宋濂（一三一〇—一三八一）說：「古之善繪者，或畫《詩》，或圖《孝經》，或貌《爾雅》，或像《論語》暨《春秋》，或著《易》象，皆附經而行，猶未失其初也。下逮漢、魏、晉、梁之間，《講學》之有圖，《問禮》之有圖，《列女仁智》之有圖，致使圖史並傳，助名教而翼群倫，亦有可觀者焉。」①

宋濂所說的這一類繪畫，目的主要在於用繪畫的方式圖解書中的道理。在中國歷史上，這一類的圖解不少，而且樂此者代不乏人。其中「亦有可觀者」，如顧愷之的《列女仁智圖》、《女史箴圖》和《洛神賦圖》，但大部分是價值不高的。至於圖示，如現在所說的「地圖」、「圖表」之類，就更不能稱作「繪畫」了。然而，在古代，圖示與繪畫往往沒有被明確地區分開來，所以王微曾有針對性地提出了下面的看法：

> 古人之作畫也，非以案城域，辨方州，標鎮阜，劃浸流。本乎形者融靈而動變者，心也。靈亡所見，故所托不動；目有所極，故所見不周。……橫變縱化，故動生焉，前矩後方，出焉。然後宮觀舟車，器以類聚；犬馬禽魚，物以狀分。此畫之致也。望秋雲，神飛揚；臨春風，思浩蕩。雖有金石之樂，珪璋之深，豈能仿佛之哉！披圖按牒，緣林揚風，白水激澗。嗚呼！豈獨運諸指掌，亦以明神降之。此畫之情也。②

①宋濂：《畫原》。
②王微：《繪畫》。

這一大段論述，不僅說明了繪畫與圖示、圖解（如《山海經》的圖解）的區別，而且進一步說明了繪畫的本質。

在中國歷史上，對繪畫本質的自覺認識，肇始於玄學之風大盛的魏晉南北朝時期，並且同哲學上所討論的「氣」、「形」、「神」、「象」、「意」等問題有著直接的關係，但就其思想上看，則可以說淵源於《周易》對宇宙生命規律的系統解釋。在中國古代畫家和繪畫理論家的觀念中，真正的繪畫實質上是一種形而上的追求，而不是對外物的一種簡單的模仿或再現。因此，一個真正的畫家所應在畫面上表現的不只是「形」或「象」，而更應當是隱含在形象之內並使形象充滿生命力的東西。

具體說來，中國古人對繪畫本質的認識，主要表現在以下幾個方面：

第一，繪畫經由對天地萬物的觀察，運用筆墨、色彩等媒介，塑造具體可感的藝術形象。但繪畫不應滿足於對天地萬物的模仿或再現，也不應只停留在筆墨、色彩等的運用上，而應該經由筆墨、色彩等媒介，透過具體可感的藝術形象，去表現宇宙萬物的變化。《繫辭上傳》中說：「在天成象，在地成形，變化見矣。」在古代畫家的眼裡，無論自然之物還是畫中之物，都是運動之物，變化之物。石濤說：「夫畫，天下變通之大法，山川形勢之精英也，古今造物之陶冶也，陰陽氣度之流行也。」①

古代畫家所謂「師造化」是不能脫離自然的「變化」的。因此，同樣是造型藝術，中國古代畫家卻並不像西方古典派畫家（從文藝復興盛期的畫家到大衛、安格爾等人）那樣相對更注重於雕塑般的形體塑造，而是更注意表現宇宙萬物的運動、變化及經由運動、變化所呈現出來的氣勢、節奏和「自然天成」、「神工獨運」的神妙境界。

第二，繪畫經由筆墨、色彩和形象表現宇宙萬物的運動、變化，但不應滿足於只是描繪運動、變化的形態，而應更進一步表現宇宙萬物的「心靈」和生命。中國畫家所講的「運動」、「變化」，既不是牛頓力學中所講的「運動」，也不是從赫拉克利特到黑格爾等哲學家所講的「變化」，而是《周易》中所講的「動」和「變化」。對於中國畫家來說，「運動」、「變化」皆同「生」有關係，或者說即是生命的象徵。在古代繪畫理論中，很少一般性地談論「運動」、

①石濤：《苦瓜和尚畫語錄・變化章》。

「變化」，而是較多地使用「生動」、「生活」、「生氣」、「生機」、「生趣」這樣一些詞匯。這些詞匯同極為重視「生」的《周易》是有著直接關係的。如謝赫所說的「氣韻生動」，石濤所說的「墨非蒙養不靈，筆非生活不神」①及沈宗騫所說的「即如山水，自重崗復嶺以至一木一石，無不有生氣貫乎其間」②，等等。

此外，中國畫家所說的「寫生」，實則也是表現生命的意思。如清鄒一桂所謂：「以萬物為師，以生機為運，見一花一萼，諦視而熟察之，以得其所以然，則韻致豐采，自然生動，而造物在我矣」③。又據宋羅大經《鶴林玉露》記載：

曾云巢無疑工畫草蟲，年邁愈精。餘嘗問其有所傳乎？無疑笑曰：是豈有法可傳哉？某自少時取草蟲籠而觀之，窮晝夜不厭。又恐其神之不完也，復就草地之間觀之，於是始得其天。方其落筆之際，不知我之為草蟲耶？草蟲之為我耶？此與造化生物之機緘，蓋無以異，豈有可傳之法哉？

從這一事例來看，中國畫家的寫生方法與西方畫家的寫生方法是大不一樣的。中國畫家的所謂「寫生」並非寫形體，而是寫生命。

再者，從筆墨技法上看，中國畫家也是極力強調表現生命的。古代畫家認為，用筆墨的最大忌諱就是「板」、「刻」、「結」、「滯」這樣一些毛病，而所謂「板」、「刻」、「結」、「滯」，也就是無生命力的「死筆」或「死墨」。

因此，中國繪畫強調表現宇宙萬物的運動、變化，並不是說要去描繪快速運動的物體，或像西方未來派畫家那樣專心表現速度，而是要表現隱藏在一切事物中的生命。

第三，繪畫經由筆墨、色彩、形象表現運動、變化，經由運動、變化表現生命，最終的目的是要經由這一切來表現人的生命和思想感情。明唐志契說：「凡

①石濤：《苦瓜和尚畫語錄·筆墨章》。

②沈宗騫：《芥舟學畫編》。

③鄒一桂：《小山畫譜》。

畫山水，最要得山水性情。得其性情，便得其山環抱起伏之勢，如跳如坐，如俯仰，如掛腳，自然山情即我情，山性即我性，而落筆不生軟矣。亦得濤浪潆洄之勢，如綺如鱗，如雲如怒，如鬼面。自然水情即我情，水性即我性，而落筆不板呆矣。」①只有同人的生命、性情掛起鈎來，畫家的全部努力才終算找到了一個落腳點。

繪畫的構圖和空間創造

繪畫是一種空間藝術。而在繪畫中，空間的創造又與構圖（即物象的布置）有著直接的關係。在謝赫所提出的「六法」中，「經營位置」（即構圖）為第五法。而唐代張彥遠則認為「至於經營位置，則畫之總要」②，把構圖問題提高到相當重要的地位。

反過來說，繪畫中的構圖又同畫家所依據的空間觀念或所採取的觀察方式有著直接的聯繫。因為繪畫的空間並不是一種真實的空間，而是一種觀念的空間、想像的空間或主觀的空間。

一、《周易》的空間意識

從哲學上說，空間觀念的形成同人們對整個宇宙的看法（宇宙觀）密切相關。就中國繪畫而言，其空間觀念和構圖方法的形成，很顯然同《周易》對天地的看法有聯繫。

《周易》從天地產生萬物的角度來看待宇宙，而它所說的「天」和「地」都具有空間上的、巨大的包容性。所謂「大哉乾元，萬物資始，乃統天」（《彖辭上傳》），「至哉坤元，萬物資生，乃順承天。坤厚載物，德合無疆。含弘廣大，品物咸亨」（《彖辭上傳》），天、地不僅化生萬物而且包容萬物，在空間上具有至廣至大的特點。

其次，《周易》中所講的天地廣大（空間）是與天地的變化及天地運行的時間相關的。在《周易》中，這方面的論述很多，如：

①唐志契：《繪事微言》。

②張彥遠：《歷代名畫記》。

「無往不復，天地際也。」（《彖辭上傳．泰卦》）

「一闔一辟謂之變，往來無窮謂之通。」（《繫辭上傳》）

「廣大配天地，變通配四時。」（《繫辭上傳》）

從這些論述來看，《周易》所覺察到的，乃是一種範圍廣大，而且充滿了運動和變化的空間。

第三，由於天地具有至廣至大的特點，且又與變化和時間相聯繫，因此，從主體方面而言，對天地的觀察也就不能僅僅侷限於從一個固定的視點出發，或僅僅觀察其中有限的一部分。在「觀卦」中，《周易》曾提出了「童觀」、「窺觀」、「觀國之光」、「觀我生」、「大觀」等概念。從有利的方面而言，「大觀在上……觀天之神道，而四時不忒」。所謂「大觀」，在這裡也可以說是一種宏觀的觀察方式（而所謂「神道」，即神奇之道，即陰陽變化之道）。又如《系辭下傳》說：「古者包犧氏之王天下也，仰則觀象於天，俯則觀法於地，觀鳥獸之文與地之宜。」所謂「仰觀」、「俯觀」之類，也可以看成是一種運動的觀察方式。因此可以說，《周易》所倡導的是一種試圖把握宇宙全體的、宏觀的、運動性的觀察方式。這種觀察方式，對於中國繪畫的構圖方式和空間創造，無疑產生了深刻的影響。

宗白華先生說：「中國畫法六法上所說的『經營位置』，不是依據透視原理，而是『折高折遠自有妙理』。」全幅畫所表現的空間意識，是大自然全面節奏與和諧。畫家的眼睛不是從固定角度集中於一個透視的焦點，而是流動著飄瞥上下四方，一目千里，把握全鏡的陰陽開闔、高下起伏的節奏。……《易經》上說『無往不復，天地際也』。這正是中國人的空間意識！」①

二、中國繪畫的構圖方法

在中國繪畫史上，關於畫面物象的布置或畫面空間的創造，一般說來有三種方法：一是「焦點透視法」（由宗炳提出）；二是「鳥瞰法」（「俯瞰法」）或「以大觀小」法（由沈括提出）；三是「散點透視法」或「三遠法」（由郭熙提出）。這三種方法，實質上同《周易》的宇宙空間意識有關。

①宗白華：《藝境》，北京大學出版社，一九八七年版，第二〇一—二〇三頁。

(1)「焦點透視法」。南朝時宋人宗炳在《畫山水序》一文中說：

> 且夫崑崙山之大，瞳子之小，迫目以寸，則其形莫睹。迥以數理，則可圍於寸眸。誠由去之稍闊，則其見彌小。今張綃素以遠映，則昆、閬之形，可圍於方寸之內。豎劃三寸，當千仞之高；橫墨數尺，體百里之迥。

這段話在學術界通常被認為是對「焦點透視法則」的論述。但宗炳在這裡所說的「焦點透視」並不能完全等同於在西方繪畫理論中所說的「焦點透視」。在西方繪畫理論中，「透視」即是將畫中的物體按一定比例縮小（透視縮形），並將觀者的視線集中到一個固定的焦點（滅點）上，使畫面產生出一個錐形的想像空間（錐體空間）。

上述宗炳所說的「豎劃三寸，當千仞之高；橫墨數尺，體百里之迥」，固然也包括透視縮形的成份在內（將「千仞」縮小為「三寸」，將「百里」縮小為「數尺」），但卻並沒有提出要有一個固定的焦點。而且「三寸」、「千仞」、

「數尺」、「百里」，在這裡也只是個概數，而並非嚴格的比例。因此，這種透視縮形，並不一定會把觀者的視線集中到一個固定的焦點上。因為在那些所謂用「鳥瞰法」、「散點透視法」進行構圖的作品中，也同樣存在著透視縮形（對於有限的畫幅而言，縮形是不可避免的）。

宗炳的真正意圖是在於說明物體的遠近關係，並要求畫家突破有限的畫幅和筆墨的限制，或經由有限的畫幅和筆墨去表現無限的宇宙空間。這即是後代畫家所說的「咫尺之間，有千里萬里之勢」①，或「聚林屋於盈寸之間，招峰巒於千里之外」②的意思。同時也是《繫辭上傳》所說的「夫《易》，彰往而察來，而微顯闡幽……其稱名也小，其取類也大」的意思。因此，宗炳立論的出發點，並不是西方繪畫理論中所說的「固定的視點」和「固定的焦點」，而是廣闊無垠的宇宙、天地。

(2)「鳥瞰法」。北宋科學家沈括（一〇三一—一〇九五）在《夢溪筆談》中

①唐志契：《繪事微言》。

②笪重光：《畫筌》。

說：

大都山水之法，蓋以大觀小，如人觀假山耳。若同真山之法，以下望上，只合見一重山，豈可重重悉見，兼不應見其溪谷間事。又如屋舍，亦不應見其中庭及後巷中事。若人在東立，則山西便合是遠境；人在西立，則山東卻合是遠境。似此如何成畫？

所謂「以大觀小」，按呂叔湘先生的解釋即是「鳥瞰」①，其中含有「以高觀下」的意思。這種方法通常也就稱為「鳥瞰法」或「俯瞰法」。如荊浩的《匡廬圖》、范寬的《溪山行旅圖》、郭熙的《早春圖》等立軸形式的作品，即是採用這種方法進行構圖的。

從「以高觀下」的意義上講，這種方法在思想觀念上很可能是受到了《周易》的「大觀在上」的影響。從思想觀念上說，所謂「以大觀小」，實際上也就是從大處著眼、把握全體的意思。而世間萬物中，最大的莫過於天地。因此，所謂「以大觀小」，進一步地說，也就是從天地出發去觀察，或把具體的、有限的事物放在天地這個大背景上去看待和考慮。郭熙《林泉高致集》中說：「凡經營下筆，必合天地。何謂天地，謂如一尺半幅之上，上留天之位，下留地之位，中間方立意定景。」在運用鳥瞰法構圖的作品中，大體的格局即是上為天，中為景（或人事），下為地（即所謂「三截法」），在視覺感受上，給人以登高臨下之感。同時在空間位置上，與《周易》的「三才」思想相關，並與卦象構成中的三位類似（天位在上，人位在中，地位在下）。

從思想觀念上說，這種方法同宗炳所講的「豎劃三寸，當千仞之高；橫墨數尺，體百里之迴」，並無本質上的區別。其根本的意圖都在於突破畫幅及筆墨甚至視覺的侷限，去表現或把握至廣至大的宇宙空間。

(3)「散點透視法」。郭熙在《林泉高致集》中說：

> 山有三遠：自山下而仰山巔，謂之高遠。自山前而窺山後，謂之深

---

①呂叔湘：《筆記文選讀》，上海古典文學出版社，一九五五年版，第三六頁。

遠。自近山而望遠山，謂之平遠。……高遠之勢突兀，深遠之意重疊，平遠之意沖融而得縹縹渺緲。

這種「三遠法」從主體方面而言，包括自下而上、自前而後、自近而遠等視覺取向，根據不同的情況而靈活應用。其中既沒有一個固定的視點，也沒有一個固定的焦點，因此，這種方法也被稱之為「散點透視法」。用郭熙的話來說，經由這種方法所創造的空間即是一種「可居可游」的空間，而它所依據的觀察方式則是一種運動性的「游觀」。從思想觀念上說，郭熙的看法與上述宗炳、沈括的看法也並無本質上的區別。其根本的出發點也都在於要求畫家突破畫幅、筆墨、視覺的侷限，表現宇宙天地萬物的、無窮的時間和空間。

因此，總的來看，中國畫家的觀物方式是一種全方位的觀照，他所意識到的空間是一種運動變化的、無限的空間，而他所採取的構圖方法，從技法上說，即是一種含弘廣大的、充滿動感的、節奏化的布局。

這種布局，具體來說，有三個非常突出的特點：

第一是非常重視「勢」的表現。「勢」也就是一種有規律的、節奏化的運動變化趨勢或方向。關於「勢」，古代畫家常用《周易》的開合、往來、順逆來加以解釋。如沈宗騫所謂：「筆墨相生之道全在於勢，勢也者往來順逆而已。而往來順逆之間即開合之所寓也。」①「取勢」在構圖中具有頭等重要的意義。清笪重光說：「一收復一放，山漸開而勢轉；一起又一伏，山欲動而勢長」，「得勢則隨意經營，一隅皆是；失勢則盡心收拾，滿幅都非。」②從這些論述來看，所謂「勢」，實際是宇宙天地萬物運動變化規律的直觀表現。

第二是非常重視各種對立要素的辯證統一。在古代繪畫理論中，這方面的論述，可以說俯拾即是。而且其中有不少是從《周易》的思想中引發出來的，如：

「山川萬物之具體，有反有正，有偏有側，有聚有散，有近有遠，有內有外，有虛有實，有斷有連，有層次，有剝落，有豐致，有飄緲，此生活之大端也。故山川萬物之薦靈於人，因人操此蒙養生活之權。苟

①沈宗騫：《芥舟學畫編》。

②笪重光：《畫筌》。

非其然，焉能使筆墨之下，有胎有骨，有開有合，有體有用，有形有勢，有拱有立，有蹲有跳，有沖霄，有崩岃，有磅礴，有嵯峨，有巑岏，有奇峭，有險有峻，一一盡其靈而足其神？」①

「天地之故，一開一合盡之矣。自元會運世，以至分刻呼吸之傾，無往非開合也，能體此則可以論作畫結局之道矣。」②

「一虛一實，一疏一密，一參一差，即陰陽晝夜消息之理也。」③

從這些論述來看，中國繪畫構圖所體現的，總的來看即是《周易》中所講的陰陽變化規律。

第三，在繪畫構圖中，中國畫家還非常強調留有餘地。元饒自然《繪宗十二忌》中說：「充天塞地，滿幅畫了，便不風致。」留有餘地（通常的方法是留白，同時也包括捨去某些不必要的細節）的第一個作用即是「透氣」。笪重光說：「勢以能『透』而生，葉底花間，影以善『漏』而豁。」④用《周易》的話來說，即是「通」（與「通」相對的是「閉」），正如《文言傳》所說的「天地變化，草木蕃；天地閉，賢人隱」）。此外，留有餘地的另一個作用是突破畫幅的侷限，或透過有限的畫幅表現無限的空間。

從中國繪畫的這些構圖方法來看，中國繪畫所創造的空間，實質上不是一種視覺的空間，而是一種想像的或觀念的空間。而且比之於單純的視覺空間，更近於宇宙的真實空間。所謂「構圖」，實即是整個宇宙的濃縮。

用筆、用墨、設色中的易理

一幅畫的構成離不開筆（特指線條）、墨、色這三個基本的要素。關於筆、墨、色三者的運用，多涉及到一些相當具體的技巧問題，這些問題一般說來同《周易》沒有直接的關係。但是，中國畫家是站在宇宙生命的變化、發展規律角度來看待、解決這些問題的，同時也就可以說是站在《周易》的立場上來看待、

①石濤：《苦瓜和尚畫語錄》。
②沈宗騫：《芥舟學畫編》。
③鄒一桂：《小山畫譜》。
④笪重光：《畫筌》。

解決這些問題的。因此，中國畫家關於用筆、用墨和設色的探討，總的來說離不開《周易》中所講的那些基本的道理。

一、關於用筆

用筆在中國繪畫中具有十分重要的意義。宋郭若虛說：「畫有三病，皆係用筆。所謂三者，一曰板，二曰刻，三曰結。板者，腕弱筆痴，全虧取與，心手相戾，狀物平褊，不能圓混也。刻者，運筆中疑，心手相戾，勾畫之際，妄生圭角也。結者，欲行不行，當散不散，似物凝礙，不能流暢也。」①一幅畫的成敗，同用筆有著直接的關係。

繪畫用筆也如書法用筆一樣，包括執筆和運筆。就運筆而言，又包括運鋒（包括正鋒、偏鋒、藏鋒、露鋒、逆鋒、回鋒等等在內）和筆觸（包括點和線兩大類在內）。狹義上的「用筆」，主要是指筆在紙上運行所產生的痕跡（筆觸）——即點和線。就點和線而言，最主要的又是線（事實上，點和線的區分也是相對的，因為繪畫中的點和線都有著特定的形態，而並不同於數學上所說的那種抽象的點和線）。

因此，所謂「用筆」，從根本上來說，主要就是用線。線條在中國繪畫中自始至終占著主導地位。它不僅具有勾畫輪廓、塑造形體的作用，而且具有表達情意的作用。一根富有表現力的線條，如顧愷之的「如春蠶吐絲」的線條、尉遲乙僧的「如屈鐵盤絲」的線條和吳道子的「滿壁風動」的「蒓菜條」，本身即給人以豐富的美感。

從線條的運用來看，中國繪畫用筆的審美要求，主要表現在以下幾個方面：

第一，用筆必須表現出生動活潑的形態。明董其昌《畫禪室筆記》中說：「古人論畫雲：下筆便有凹凸之形。①」所謂「有凹凸之形」，亦即「有陰陽之形」（凹為陰，凸為陽），係指用筆要有實在的形體感或畫面上的線條沒有平板的毛病。中國繪畫中所講的線條多種多樣（如人物畫中的描和山水畫中的皴），而且本身即具有特定的形態，如描法中的鐵絲描、游絲描、蘭葉描、戰筆描及皴法中的斧劈皴、披麻皴、解索皴、荷葉皴、捲雲皴等等，均具有具體可感的形態。這些線條運用到繪畫上，同時也就具有塑造形體，使其陰陽向背分明的作

①郭若虛：《圖畫見聞志》。

用。

此外，用筆不僅要有「凹凸之形」，而且必須「活潑潑地，隨形取象」①，即必須圓轉流暢，形象生動，不能有郭若虛所說的那種「刻」和「結」的毛病。如唐張彥遠所說的，顧愷之的用筆「緊勁聯綿，循環超忽，……風趨電疾」②。這樣的用筆，所表現的就不是死的形態，而是生動活潑的形態。

如前所述，中國畫家從來不把繪畫作品看作是死的物質，而是看作活的生命有機體。而強調用筆的活潑、流暢、生動，很顯然是同這個總的思想分不開的。

第二，用筆必須充分表現出一定的力度和氣勢。南齊謝赫《古畫品錄》中曾談到「骨法用筆」（「骨法用筆」為繪畫「六法」之一），把用筆同骨法聯繫起來。五代荊浩《筆法記》中也說：「筆有四勢：謂筋、肉、骨、氣。筆絕而不斷謂之筋，起伏成實謂之肉，生死剛正謂之骨，跡畫不敗謂之氣」，「筆者，雖依法則，運轉變通，不質不形，如飛如動」。

「骨」與「力」及事物、生命的運動有關。筆的「骨」，也就是筆的力量或線條的力量。荊浩把「骨」定義為「生死剛正」，這個思想顯然來自《周易》。又骨為陽，肉為陰，在古代，也有筆為陽，墨為陰之說，因此，所謂「用筆必須充分表現出一定的力度和氣勢」，也就是說，用筆必須充分體現出《周易》中所說的那種剛健中正的美。

第三，用筆必須充分體現出陰陽、剛柔、輕重、強弱、動靜、曲直等等的對立面的高度統一。儘管在歷史上，線條的運用各有不同，有的偏剛（如李思訓的斧劈皴法），有的偏柔（如董源的披麻皴法），但總的來看是要結實有力，而且必須在結實有力的基礎上進一步達到剛與柔的相互統一。

清沈宗騫認為用筆既要「盡筆之剛德」，又要盡「筆之柔德」，雖各有倚重，但卻不可以各執其一偏。他說：

「無前無後，不倚不因，劈空而來，天驚石破；六丁不能運，巨靈不能憾，剨然現相，足駭鬼神；挾風雨雷霆之勢，具神工鬼斧之奇；語其堅則千夫不易，論其銳則七札可穿，仍能出之於自然，運之於優游，

①秦祖永：《桐陰畫訣》。

②張彥遠：《歷代名畫記》。

無跋扈飛揚之躁率，有沉著痛快之精能；如劍繡土花，中含堅質；鼎倉翠碧，外耀光華；此能盡筆之剛德者也。柔如繞指，軟若兜羅，欲斷還連，似輕而重；氤氳生氣，含煙霏霧結之神；搖曳天風，具翔鳳龍盤之勢；既百出以盡致，復萬變以隨機；恍惚無常，似驚蛇之入春草；翩翻有志，儼舞燕之掠平池；颺天外之游絲，未足方其逸；舞窗間之飛絮，不得比其輕；方擬去而忽來，乍欲行而若止；既蠕蠕而欲動，且財冉冉以將飛；此能盡筆之柔德者也。二美能全，固稱成德，天資所稟，不無偏枯。剛者慮其燥而裂，柔者慮其罷而黏。此弊之來蓋有故，或師偏執，狹守門風，或俗尚相沿，因循宿習。是以有志之士，貴能博觀舊跡，以得其用筆之道。始以相剋，則病可日除；終以相濟而業堪日進，而後中漸幾於合德矣。」①

沈宗騫的這一大段論述，講的是用筆有剛有柔，剛有剛的美，柔有柔的美，但如果只有剛而沒有柔或只有柔而沒有剛，則都是一種失敗的用筆。所以，用筆的要求總的來看是要剛柔相濟，二美兼備。這個思想的直接理論依據即是《周易》的陰陽剛柔學說。

二、關於用墨

墨是中國繪畫中最基本的表現媒介之一。但在中國歷史上，關於用墨的探討要晚於用筆。南齊謝赫在《畫品》中提出「繪畫六法」時，還沒有明確地把墨法列進去。從畫史上看，關於用墨的討論同唐代後期至五代水墨山水畫的出現和趨於成熟有關。唐代張彥遠已開始將墨的作用提到了色之上。他說：

「夫陰陽陶蒸，萬象錯布。玄化亡言，神工獨運。草木敷榮，不待丹碌之采；雲雪飄揚，不待鉛粉而白。山不待空青而翠，鳳不待五色而粹。是故運墨而五色具，謂之得意。意在五色，則物象乖矣。」②

①沈宗騫：《芥舟學畫編》。
②張彥遠：《歷代名畫記》。

張彥遠之後，五代荊浩所著《筆法記》更為明確、詳盡、具體地論述了用墨的問題，將它確立為繪畫技巧的一個根本性的方面。所有這些論述，從《周易》的觀點看，離不開陰陽觀念及二者的相互作用。繪畫由於與自然造化相通，因此繪畫中各物象的創造也都離不開陰陽——黑白二者的相互作用。而且正如在《周易》的宇宙圖式中陰陽高於萬物一樣，在繪畫中，黑白二色也高於其它彩色。因此，用墨也就具有了高於設色的重大意義。在中國繪畫從重色彩到重水墨的轉變過程中，《周易》的陰陽學說有了很關鍵的作用。與此同時，道家、禪宗的思想也起了重要作用。

自五代畫家荊浩以來，用墨的問題在繪畫理論中成了一個重要的技法問題。從唐代至明清幾代的一些論述來看，關於用墨的基本要求大約有以下三個方面：

第一，墨的運用必須與筆的運用相配合。五代畫家荊浩曾在《筆法記》中批評唐代畫家項容和吳道子，認為「項容山人……用墨獨得玄門，用筆全無其骨。……吳道子筆勝於象，……亦恨無墨」。這個批評為後世多數畫家所接受，並由此而派生出一個筆墨的關係問題。

在這個問題上，總的傾向是主張筆與墨的密切配合。如：

「筆以立其形質，墨以分其陰陽，山水悉由筆墨而成。」①

「有筆有墨謂之畫。」②

「筆與墨會，是為氤氳。」③

筆與墨的關係在古代畫論中通常被比擬為骨與肉的關係，同時也被解釋為陽與陰的關係。如清唐岱在評論荊浩的看法時說：「蓋有筆而無墨者，非真無墨也，……所謂骨勝肉也。有墨而無筆者，非真無筆也……所謂肉勝骨也。」又說：

「自天地一闔一辟而萬物之成形成象，無不由氣之摩湯（蕩）自然而成，畫之作也亦然。古人之作畫也以筆之動而為陽，以墨之靜而為

①韓拙：《山水純全集》。

②惲南田：《甌香館集》。

③石濤：《苦瓜和尚畫語錄》。

陰，以筆取氣為陽，以墨生彩為陰。體陰陽以用筆墨……以筆墨之自然合乎天地之自然，其畫所以稱絕也。」①

在這裡，筆墨的配合問題被上升到了陰陽協調、統一的形而上學高度，並同時也充分地體現了《周易》的剛柔相濟的思想（筆為動，即為剛；墨為靜，即為柔）。

第二，用墨必須表現出生氣和神彩。墨在中國繪畫中通常被作為一種彩色（所謂「墨分五色」）來使用，甚至被作為一種主色來使用。因此，一幅畫的生動與否，同墨色的運用是有很大關係的。沈宗騫說：「天下之物不外形色而已，既以筆取形，自當以墨取色……能得其道，則情態於此見，遠近以此分，精神以此發越，景物以此鮮妍，所謂氣韻生動者，實賴用墨得法，令光彩曄然也。」②

在中國繪畫理論中，歷來有所謂「活墨」、「死墨」的說法。「活墨」即是富有生氣和光彩、新鮮的、活潑的墨，而「死墨」也就是缺乏生氣和光彩、晦滯、呆板的墨。

第三，用墨必須表現出濃淡、乾濕、枯潤的變化。墨的生氣和光彩是通過變化來表現的。而變化的根本原因，從《周易》的觀點來看，是在於陰陽對立面的相互作用。從繪畫技法上說，墨的「死」、「活」之分同水份的控制直接相關，即同墨的濃淡、乾濕、枯潤的變化直接相關。在墨的運用過程中，只有有效地控制水份，使其呈現出濃淡、乾濕、枯潤的變化，才能顯示出無窮的生機和活潑的神彩。反之，太濃、太淡、太乾、太濕、太枯、太潤，或漆墨一團、籠統一片，沒有層次和色度上的區分，都是無生氣和光彩的「死墨」。所以，宋代郭熙的《林泉高致集》要求用墨須有「生意」。

三、關於設色

「繪畫」一詞中即包含著設色的意思在內（「繪」）。設色是繪畫創作中一道重要的工序，而色彩則是繪畫創作中最基本的表現媒介之一。

中國繪畫在宋以前絕大多數是設色的，宋以後雖也不乏工筆重彩或水墨設色

①唐岱：《繪事發微》。

②沈宗騫：《芥舟學畫編》。

的作品，但相比之下，對於設色的重視遠不如筆墨。而且中國繪畫的設色方法和畫家的色彩觀念，多半得益於哲學的啟發，與西方繪畫的設色方法和畫家的以科學為基礎的色彩觀念比起來，有著重大的區別。

總的來看，中國繪畫在設色方面的基本要求主要有以下三個方面：

第一，色彩的運用必須與筆墨相配合。在水墨畫未成熟之前，色彩通常是從屬於筆的勾勒線條；而在水墨畫成熟之後，則色彩從屬於筆與墨兩者的變化。更進一步，又認為墨即是色，而且是高居於其他一切色之上的主色，即透過墨的黑、白、濃、淡、乾、濕等的恰當處理，產生出有如敷色的效果。這同《周易》中的「天玄地黃」之說（《文言傳》）有著某種聯繫。

「玄」即相當於黑色（《爾雅．釋天》謂「黑而……有黃色者為玄」），並且是天的色彩。而「天」在《周易》中具有產生萬物並統帥萬物的功能，因此天之色「玄」——也自當有派生一切色彩並高於一切色彩的功能。在古代的哲學中，「玄」或「黑色」在一些情況下被列為眾色之首。如西漢思想家董仲舒《春秋繁露．三代改制質文篇》中所謂「三正以黑統初，……天統氣始通化物，物見萌達。其色黑，故朝正服黑，首服藻黑，正路輿質黑，馬黑，大節綬幘尚黑，旗黑，大寶玉黑，效牲黑」。從中國早期的繪畫如彩陶紋飾、戰國的帛畫和漆畫來看，黑色也占有相當重要的地位。

第二，色彩的運用必須與天地、四時、萬物本身的色彩或色彩性質相適應。在中國古代哲學中，最基本的色彩是「五色」——青、赤、白、黑、黃，這五色分別代表東、南、西、北、中五方，春（青）、夏（赤）、秋（白）、冬（黑）四時。《考工記》中說：「畫繢之事，雜五色：東方謂之青，南方謂之赤，西方謂之白，北方謂之黑。天謂之玄，地謂之黃。」這「五色」，實質上即是天地四時萬物本身色彩的一種高度的概括和抽象。在古代繪畫中，設色的方法同樣也是很概括的，其間雖不限於五色或不足於五色，但所有的色彩多半是物體本身的固有色。在中國繪畫理論中，差不多沒有「環境色」、「光源色」的觀念。「五色」相當於西方色彩理論中所說的「原色」，落實到具體的事物，即相當於西方色彩理論中所說的「固有色」。但無論「原色」還是「固有色」，本身都是一種主觀的概括和抽象。因為從科學的眼光看，物體的色彩是受環境和光源的影響並且是變化多端的。

第三，色彩的運用必須充分體現主從、濃淡、輕重、深淺、厚薄的辯證關係。一般說來，就色相而言，中國繪畫的設色是高度概括的，同時也是偏於主觀的（即高度重視色彩與情感、心境的表現的關係）。但是，在色彩關係方面，中國畫家卻像對待用筆和用墨一樣，力求符合客觀事物的發展規律，使色彩產生出交錯成文的美感。

中國繪畫的象徵意義

藝術的本質與象徵有密切的關係。象徵手法的直接應用在古代的藝術創作中尤為明顯，而且古代的藝人們最善於用簡單的形象，來表達他們在生活中所領悟的那些單純、明晰的思想觀念。這一點，可以在古代甚至原始時代流傳下來的諺語、歌謠及寓言故事中看得很清楚。在中國最早的詩歌總集《詩經》中，也可以看到象徵手法的大量運用。

《周易》的經文中同樣也包括了象徵手法的運用，而且提供了這種手法的典型實例。首先，卦象本身即是一系列高度概括的象徵符號。其次，作為卦象的解釋的卦爻辭也多半具有形象的特徵，如「飛龍在天」、「乘馬班如」、「虎視眈眈」之類，而且這些形象均同卦爻辭的作者對天地人事的看法或同吉凶、禍福、順逆、進退、險夷等抽象的觀念有關。《繫辭上傳》中說：「吉凶者，得失之象也；悔吝者，憂虞之象也；變化者，進退之象也。」「象」在《周易》中很明顯地具有「象徵」的意義。

象徵手法的運用在中國古代繪畫——尤其是寫意畫中，是相當普遍的。

中國畫家在創作中特別強調的一個原則是「意在筆先」。張彥遠《歷代名畫記》中說：「意存筆先，畫盡意在，所以全神氣也。」「意」在中國繪畫中具有先於筆、墨、形、色並為筆、墨、形、色之主的地位。這個「意」，歷史上有種種不同的解釋。有時指繪畫作品的經營、布置或構思，有時指筆、墨、形、色中所表露出來的某些特定的趣味（「意趣」、「意味」），有時指繪畫作品的意境。此外，它還包含著一層更根本的意思，即畫家的思想觀念和道德人格理想。這種思想觀念和道德人格理想的表達，在古代被稱之為「寓意」或「寄托」。所謂「寓意」或「寄托」，多半也就是象徵。如清盛大士所說：

「作詩須有寄托，作畫亦然。旅雁孤飛，喻獨客飄萍不定也。閑鷗戲水，喻隱者徜徉肆志也。松樹不見根，喻君子之在野也。雜樹崢嶸，喻小人之昵比也。江岸積雨，刺時人之馳逐名利也。春雪甫霽而名花乍開，美賢人乘時興發也。」①

此外，中國畫家作畫，對題材看得很重（並不像印象派畫家莫內一樣，能夠以一種所謂「天真的眼睛」去畫那不起眼的草垛，也不像達達派藝術家馬・迪尚那樣，對廢品或便壺之類物體也試圖加以審美化），喜歡畫「高雅」、「高尚」的題材——如寒江獨釣，驢背吟詩及梅、蘭、竹、菊、松、荷之類，並以此來表達高雅的情趣或高尚的情操。

雖說在中國歷史上，也出現過一些帶有筆墨遊戲性質的作品，但中國畫家並沒有走上「唯美主義」或「形式主義」的道路，而是始終保持著清醒的理性。善於由畫面形象來表達自己對社會人生的看法，是中國畫家一貫的傳統。

這種情況在花鳥畫——特別是寫意花鳥畫中表現得最為明顯，如南宋鄭思肖的《墨蘭圖》，畫葉不畫根，借以表達國土淪亡的苦衷和身處逆境而不趨炎附勢、同流合污的高尚氣節。清朱耷的《孔雀圖》、《雙鴨圖》等作品，將又圓又黑的眼睛點在孔雀、鴨等禽鳥的眼眶邊緣上，即旨在表現一種孤高冷傲的性格和對現實社會的強烈不滿。

在一些作品的款題中，中國畫家所希望在畫中表現的意思，經常清楚地表達出來，如：

秋勁拒霜盛，峨冠錦羽雞。
已知全五德，安逸勝鳧鷖。
——趙佶題《芙蓉錦雞圖》

我家洗硯池頭樹，朵朵花開淡墨痕。
不要人誇好顏色，只留清氣滿乾坤。
——王冕題《墨梅圖》

半生落魄已成翁，獨立書齋嘯晚風。
筆底明珠無處賣，閑拋閑擲野藤中。
——徐渭題《墨葡萄圖》

①盛大士：《谿山臥游錄》。

中國畫家通過各種具體的藝術形象所要象徵的「意」，大體說來有兩個方面：一是社會的倫理觀念（如上引趙佶的題款）；二是個人的品格、情操和思想感情（如上引王冕、徐渭的題款）。這種把具體的藝術形象同抽象的「意」聯繫起來的創作方法，從根本上來說是從《周易》的思想及「立象以盡意」、「設卦以盡情偽」等看法中脫化、引申出來的，或者說，與《周易》的整個思維方式是一脈相承的。

文學

《周易》一書不僅包含著深刻的思想，而且也具有相當的文學價值。因為《周易》講宇宙天地萬物的變化、發展規律，多半不是經過抽象的邏輯推理，而是經過形象生動的比喻，採用駢散結合、簡明扼要的語言來加以敘述。其中既有說理的成分，同時也包含著狀物、抒情的成分。

經文中所描寫的各種事物，無論是「天地自然之象」還是「人心營構之象」（章學誠語），大多情理兼備、形象生動，如「龍戰於野，其血玄黃」、「乘馬班如，泣血漣如」、「羝羊觸藩，不能退，不能遂」、「震來虩虩，笑言啞啞」、「鳥焚其巢，旅人先笑後號咷」、「得敵，或鼓或罷，或泣或歌」之類，都是極富有文學色彩的描寫。從語言方面看，儘管有些地方因缺乏必要的聯繫而顯得晦澀難解，但無論經文還是傳文，其語體風格都具有簡潔、樸實、平易的特點和美感。傳文中的《文言傳》、《繫辭傳》可以說是很好的散文作品，在思想和語言方面均可同先秦諸子的散文相媲美。

《顏氏家訓》中說：「夫文章者，原出《五經》……序述論議，生於《易》者也。」《易》在這裡指的主要即是《易傳》。而經文中爻辭則近於詩，如「賁如！皤如！白馬翰如」（賁卦）、「突如，其來如。焚如！死如！棄如！（離卦）、「鳴鶴在陰，其子和之。我有好爵，吾與爾靡之」（中孚卦）之類，本身就是詩。其他的爻辭雖無明顯的押韻痕跡，但如將之排列起來看，也可約略看出其自始至終層層遞進的節奏感和韻律感，如：

臨：

「咸臨，貞潔。

咸臨，吉，無不利。
甘臨，無攸利。既憂之，無咎。
至臨，無咎。
知臨，大君之宜，吉。
敦臨，吉，無咎。」

漸：

「鴻漸於干。小子厲，有言，無咎。
鴻漸於磐。飲食衎衎，吉。
鴻漸於陸。夫征不復，婦孕不育，凶。利御寇。
鴻漸於木。或得其桷，無咎。
鴻漸於陵。婦三歲不孕，終莫之勝，吉。
鴻漸於陸。其羽可用為儀，吉。」

從以上兩卦的爻辭來看，《周易》不僅善於運用比興的方法來增加說理的形象性，而且還善於運用排疊的方法來加強語氣，以層層遞進的方式表現語言的節奏和力度，並進而說明事物運動、變化的規律性。而所謂詩的節奏，本質上即是事物運動、變化的規律性的反映。

但是，《周易》對中國文學的影響並不限於或主要不在於它的語言方面，而在於它的思想方面。

「文」和文學的形式美

文學的「文」本來即與《周易》中所講的「文」意義相近，因此，運用《周易》中關於「文」（「天文」、「人文」及其相互關係）的理論來解釋文學作品的起源和構成，也就是一件十分自然的事情。

在中國文學史上，西漢著名辭賦家、哲學家揚雄（前五三—一八）最早應用《周易》的思想來說明文學。其《太玄》一書中關於「文」、「質」的論述完全是以《周易》的思維模式為基準的。揚雄之後，東漢思想家王充（二七—九七）在《論衡》中即已明確應用《周易》關於「天文」、「人文」的思想來說明文學的起源和美，認為：「上天多文而後土多理。二氣協和，聖賢稟受，法象本類，故多文采」，「文由胸中而出，心以文為表。……人之有文也，猶禽之有毛也；毛有五色，皆生於體；苟有文無實，是則五色之禽，毛妄生也。」①

王充之後，劉勰對《周易》的思想作了更進一步的引申和發揮，在其所著《文心雕龍》一書中，廣泛徵引《周易》中的卦、爻辭及「天文」、「人文」、「文明」、「輝光」、「感」、「剛健」、「象」、「意」等術語和概念，對文學的起源、本質及形式美的構成，進行了全面而深入的探討和解釋，提到了《周易》的哲學高度，並從此確立了以「天文」、「人文」來解釋文學的說法。

一、文與「天文」

《周易》認為，「人文」是效法「天文」或根據「天文」而創造出來的。這個「人文」的概念，囊括了人類社會所創造的精神文明及與之相關的一切東西，文學自然也包括在內，並占有重要地位。因此，從文學上看，這個看法直接關係到文學的起源和本質的解釋。在中國歷史上，這一類解釋可以說俯拾皆是。其中，以劉勰的解釋最具代表性。他說：

「夫玄黃色雜，方圓體分，日月疊壁，以垂天之象；山川渙綺，以鋪理地之形；此蓋道之文也。仰觀吐曜，俯察含章，高卑定位，故兩儀既生矣。惟人參之，性靈所鍾，是謂三才；為五行之秀，實天地之心。心生而言立，言立而文明，自然之道也。傍及萬物，動植皆文；龍鳳以藻呈瑞，虎豹以炳蔚凝姿；雲霞雕色，有逾畫工之妙，草木賁華，無待錦匠之奇；夫豈外飾？蓋自然耳。至於林籟結響，調和竽瑟；泉石激韻，和若球金皇；故形立則章成矣，聲發則文生矣。夫以無識之物，郁然有彩，有心之器，其無文歟！」②

劉勰的這段論述，基本上是擷取《易傳》中的一些話推演而成。他把天地、日月、動植的感性形式一概稱之為「文」，而且認為「文」是「道」的表現即「道之文」（「道」在這裡係指自然之道即陰陽變化之道），並由此而引申出文

①王充：《論衡・超奇》。

②劉勰：《文心雕龍・原道》。

學之「文」源於天地、日月、動植之「文」，而且也像天地、日月、動植之「文」一樣，是道的表現的結論。

自劉勰，經齊、梁至隋唐及其後，用《周易》關於「文」的思想來說明文學的起源和本質，成為普遍公認的看法。特別是唐初史家魏徵（五八〇—六四三）等人對文學的起源與本質的解釋，有力地確立了這種看法，為後世所遵循。這種看法，其主要的意思有三層：

第一，文學作品的創造同對天地萬物的觀察和感受密切相關。文學之「文」源於天地自然之「文」，或者說，文學的美源於天地自然的美。

第二，文學作品的創造從根本上來說應該體現天地、自然、生命的變化、發展規律（「道」）。或者說，文學的最終目的並不在於「文」、「美」或純粹形式的創造，而在於由「文」體現「道」。王充所講「天文人文，豈徒調墨弄筆為美麗之觀哉？」①及劉勰所講「辭之所以能鼓動天下者，乃道之文也」②，都是這個意思。後來韓愈、柳宗元等人所倡導的「文以載道」及宋儒如朱熹所謂「道者文之根本，文者道之枝葉」③之類的看法，也皆與此相關。

儘管各家解釋所說的「道」的含義與《周易》所說的「道」的含義不盡相

同，但其理論框架是一樣的，即都主張文與道的統一或文是道的表現。用現在的話來說，文與道的統一也就是現象與本體、形式與內容或美與真、善的統一，而這樣一個看法，正是包括《周易》在內的整個儒家美學的一貫主張。

第三，文學作品的創造必須達到高度自由或合乎自然的境界。因為文學既然源於自然，同時也就必須最終達到與自然的一致。而自然的變化、發展，從《周易》的觀點來看，它的最大的一個特點就在於「神」，即其變化、發展具有非人為的、難以測度的神妙性。因此，成功的文學創造也當如「風行水上，自然成文」那樣，沒有人工雕琢的痕跡，並且也要像自然的變化和發展那樣，具有一種神妙的、不為任何機械的規矩法則所限制和束縛的特點。明思想家、文學家李贄（一五二七—一六〇二）說：「且夫世之真能文者，比其初皆非有意於為文也」④。即從表面上看起來，任何成功的文學創造都好像是無意的，即自然而然的。

①王充：《論衡・佚文》。
②劉勰：《文心雕龍・原道》。
③朱熹：《朱子語類》卷一百三十九。
④李贄：《焚書》卷三。

明王世貞《藝苑卮言》謂：「『物相雜故曰文』，文須五色錯綜，乃成華采；須經緯就緒，乃成條理。」「文」這個概念，從美學上看，首先指的即是美的感性形式。

二、文學的形式美

在中國文學史上，對文學形式美的充分自覺的理論探討，起於陸機的《文賦》，中經沈約對聲律對偶的倡導與研究，至劉勰而得到了重大的發展，奠定了堅實的理論基礎。歷代關於文學的形式美的論述都不僅僅把它看作是一個技巧問題，而同時看作是一個重要的美學理論問題。從範圍上講，這個問題首先是同最早的文學體裁——詩歌有關，此後才被擴展到散文、戲曲、小說等方面。從文學形式美的具體表現來看，它既涉及到文學創作中語音的協調、配合問題，也涉及到字（詞）、句、章（段）的、意義上的相互關聯問題。

從古人對於「文」這個概念的理解來看，文學的形式美本質上是宇宙生命變化發展規律的感性表現，即歸根到底是《周易》中所講的陰陽、剛柔互相錯雜、交替變化的規律的感性表現。劉熙載《藝概》中曾引徐鍇《說文通論》的話說：「強弱相成，剛柔相形故有文」，朱熹《朱子語類》中也曾說：「兩物相對待故有文，若相離去便不成文矣。」「文」在這裡係指文學作品的感性形式，而這種感性形式也就是一種與天地自然之「道」相一致的、表現為「強弱相成」、「剛柔相形」、「兩物對待」的合規律的形式。

所謂「強弱相成」、「剛柔相形」、「兩物相對待」，從靜態的角度上看，即是一種對稱之美。這種對稱之美，在詩歌當中，特別是律體詩當中，表現得最為明顯。因為律體詩的最大特徵即是強調聲音上的互相對待（平仄對仗）和意義上的互相對待（對偶或對句）。

劉勰《文心雕龍‧聲律》上說：「凡聲有飛沉……沉則響發而斷，飛則聲颺不還。」人的聲音本有清濁、長短、強弱、輕重之分，所謂聲音上的互相對待，具體來看即是清濁、長短、強弱、輕重的互相對待。從詩歌上來說，即是平聲和仄聲的互相對待（劉勰所謂「飛」、「沉」即相當於後世所謂「平」「仄」）。如：

九月寒砧催木葉，（仄仄平平平仄仄）
十年征戍憶遼陽。（平平平仄仄平平）

這種平仄對仗與《周易》卦象中的陰陽對稱極為相似，如果將平仄翻譯成陰陽二爻，則唐朝大詩人杜甫（七一二—七七〇）的這兩句詩也就可以用下面這個圖式來表示：

（--）（--）（—）（—）（—）（--）（--）

九　月　寒　砧　催　木　葉

（—）（—）（—）（--）（--）（—）（—）

十　年　征　戍　憶　遼　陽

從本質上看，所謂「平仄對仗」實際上也就是《周易》所謂「一陰一陽之謂道」在聲律上的一種感性表現。因為平聲和仄聲源於南朝梁文學家沈約（四四一—五一三）所說的「四聲」，而「四聲」，據沈約的看法，又與《周易》中所說的「四象」有關：

「昔神農重八卦，（卦）無不純，立四象，象無不象。但能作詩，無四聲之患，則同諸四象。四象既立，萬象生焉；四聲既周，群聲類焉。……春為陽中，德澤不偏，即平聲之象；夏草木茂盛，炎熾如火，即上聲之象；秋霜凝木落，去根離木，即去聲之象；冬天地閉藏，萬物盡收，即入聲之象。」①

這裡雖沒有提到「陰陽」，但顯然是與陰陽有關的，因為「四象」生於「兩儀」，而「兩儀」即是陰陽（在客觀上，「四時」也同樣與陰陽有關）。至於「對偶」或「對待」，在格律詩中乃是一種意義上的互相對待。據《文鏡秘府論》所說，唐代詩歌的對偶或對句方法有二十九種之多。但總起來看，其

①沈約：《答甄公論》，載日本遍照金剛《文鏡秘府論》，第三二—三三頁。

中最主要的實則只有兩種即同對和反對。同對即同類語相對，如山對水；風對雲；星對月等等。反對即反對語相對，如天對地；東對西；長對短；白對黑等等。在詩歌創作中，反對往往比同對（也可稱之為「正對」）更生動有力。如王維的名句「大漠孤煙直，長河落日圓」，兩句末字的一「直」一「圓」，既形象鮮明，又頗耐人尋味。

此外，所謂「強弱相成」、「剛柔相形」、「兩物相對待」的文學形式美，從動態的角度上看，也可以表現為一種節奏美。

清代劉大櫆說：「文章最要節奏，譬之管弦繁奏中，必有希聲窈渺處。……一句之中，或多一字，或少一字；一字之中，或用平聲，或用仄聲；同一平字仄字，或用陰平、陽平、上聲、去聲、入聲，則音節迥異，故字句為音節之矩。積字成句，積句成章，積章成篇，合而讀之，音節見矣；歌而咏之，神氣出矣。」①在文學作品當中，最能體現這種節奏之美的莫過於韻文（詩、詞、賦、曲、駢文）。因為在韻文中既有著明確的平仄交替變化，又有著嚴格的音韻配合（「押韻」），如：

清晨入古寺，初日照高林。
曲徑通幽處，禪房花木深。
山光悅鳥性，潭影空人心。
萬籟此皆寂，惟聞鐘磬音。
（唐代常建：《破山寺後禪院》）

原來是滴溜溜遶閑階敗葉飄，疏刺刺刷落葉被西風掃，忽魯魯風閃得銀燈爆，廝琅琅鳴鐸撲簌簌動朱箔，吉丁當玉馬向檐間鬧。
（元代白樸：《梧桐雨》第四折）

韻文中的這種押韻的手法，不僅表現了明確的節奏，而且使詞與詞、句與句之間彼此呼應，在聲音上聯成一個統一的整體。韻文創作中的節奏美，從根本上來說，正是天地運行過程中往復、順逆、開合的、最典型的表現。

再者，從總體上看，文學作品的節奏美，也可以由語氣的快慢、字數的多

①劉大櫆：《論文偶記》。

少、句子的整散以及整個布局中的疏密、開合等等表現出來。清初思想家顧炎武《日知錄》中說：「古人之文，化工也。自然而合乎於音，則雖無韻之文而往往有韻。」可見文學作品的節奏美並不只限於押韻，而且也不只限於韻文。在其它體裁的文學作品中，譬如在散文和小說中，也同樣可以表現強烈的節奏感。清代毛宗崗評《三國》，認為其「如猛電之一去一來，怒濤之一起一落」①，「有將雪見霰，將雨聞雷之妙」，「笙簫夾鼓，琴瑟間鐘之妙」，「近山濃抹，遠樹輕描之妙」，「奇峰對插，錦屏對峙之妙」②，但明倫評《聊齋》，也認為其「筆筆轉」，「句句轉」，「字字轉」，「一伸一縮」，有「山重水復疑無路，柳暗花明又一村」③之妙。這些說法，從總的來看，都指的是文學作品所蘊含的節奏。而這種節奏，據毛宗崗的說法，恰恰正是「造物自然之文」④的反映。

言、象、意的關係

文學是一種語言藝術。而語言總是用來表達某種意思或意義的——因為語言首先是人類進行交往或表達思想感情的一種工具。但是，文學的語言既不同於我們的日常語言，也不同於科學著作中的科學語言，而是一種藝術化了的語言。作為一種藝術語言，它的基本特徵就是能夠有力地喚起一種審美的意象。

在中國古代文學理論中，言、象、意的關係問題自始至終是一個牽涉到對文學的本質進行解釋的根本性問題。

一、言與意的關係

言（或辭，或文）的基本功能在於達意。《論語》中說：「辭達而已矣。」即認為語言的根本功能在於表達某種意思。但是，語言具有能夠充分表達「意」的功能，儒家是深信不疑的。道家則不同，它認為「言」是不能「盡意」的。《周易》提出「書不盡言，言不盡意」的命題顯然受到道家影響，但又作出了它自己特有的解釋。

①毛宗崗：《〈三國演義〉第四十二回首評》。

②毛宗崗：《讀三國志法》。

③但明倫：《〈聊齋志異〉評》。

④毛宗崗：《讀三國志法》。

在歷史上，關於「言」與「意」的關係大約有兩種說法。

第一種說法是繼承《論語》的思想，主張「言」、「意」統一，「言」可以達「意」而且以達「意」為最高目的。如朱熹說：「文字之設，要以達吾之意而已。」①歐陽修在《繫辭說》一文中更公開對《周易》的「書不盡言，言不盡意」表示懷疑和反對，認為：

「『書不盡言，言不盡意』，然自古聖賢之意萬古得以推而求之者，豈非言之傳歟！聖人之意所以存者，得非書乎！然則書不盡言之煩而盡其要，言不盡意之委曲而盡其理。謂『書不盡言，言不盡意』者，非深明之論也。」②

歐陽修這段話的看法即在於言可以盡意，而理由便是：言可以盡「理」。換句話說，言雖不能盡「意」的全部（即「委曲」，或「意」的每一個細節），但卻可以把其中最根本的東西（即「理」）表達出來。

第二種說法是繼承道家的思想，主張「言」、「意」不相等，或「言」不能盡「意」，或「意」的內涵遠遠超出了「言」的範圍。這種說法最初由魏晉玄學大加發揮，後世又用以說明文學語言的特徵，產生了所謂「言有盡而意無窮」的著名主張（見於宋嚴羽《滄浪詩話》，但其提出可上溯至陸機、劉勰、鍾嶸等人），對後世影響極大。如明袁中道說：

「天下之文，莫妙於言有盡而意無窮，其次則能言其意之所欲言。《左傳》、《檀弓》、《史記》之文，一唱三嘆，言外之旨藹如也。班孟堅輩，其披露亦漸甚矣。蘇長公之才，實勝韓、柳，而不及韓、柳者，發泄太盡故也。」③

在中國文學史上，這是一種很普遍的看法，是中國古代美學對文學語言特徵

①朱熹：《朱子語類》卷六十一。

②歐陽修：《歐陽文忠公文集》卷一百三十。

③袁中道：《珂雪齋文集》卷二。

的一種根本性的看法。

以上這兩種說法從表面上看起來好像是完全矛盾的，但實質上卻並不矛盾。關鍵在於言所能盡之「意」和言所不能盡之「意」，並不是同一種「意」。一般說來，如果「意」所指的只是經驗實證範圍以內的「意」，或者說只是一種純粹抽象、普遍的道理，那麼，這種「意」是可以盡的。而如果「意」並非抽象、普遍的道理，而是與具體的感性事物相聯，並滲透著人的主觀感受、聯想、想像和情感體驗等等在內的「意」，那麼這種「意」是不可盡的。而藝術的「意」正是這種不可盡的「意」。

此外，就文學作品而言，如果「意」指的是語言文字的表層含義，那麼，這種「意」是可以盡、應該盡的。因為無論是多麼高深的作品，首先必須或應該讓人看得懂語言文字本身的意思。

這是一切文學創作最起碼的前提，也是進一步表達那「不盡之意」的前提。因為語言文字並非個人的獨創，而是一種具有普遍性的交際手段，即它本身具有約定俗成的含義。

但是，如果「意」所指的是語言文字的深層含義，或者說指的是文學作品的創作者對宇宙人生的獨特感受、體驗和領悟，那麼，這種「意」往往又是不能盡的。因為語言文字儘管不是個人的獨創，但在特定的文學作品中，它卻又是一種個性化了的語言文字，其中包含了文學作品創作者的全部內心感受、體驗和領悟在內。因此，這種個性化的語言文字所表達的「意」，往往是不能僅靠邏輯推論去加以解釋的，而必須借助於直覺、聯想和想像等等去加以把握和領會。

因此，就「言」與「意」的關係而言，「言」是用來表達「意」的，「意」也只有由「言」才能表達出來。「言」既可以達「意」，卻又不能盡「意」。所謂「不能盡意」，並不是說語言什麼也不能表達（《繫辭上傳》說：「辭也者，各指其所之」，「繫辭焉以斷其吉凶」。即明確地肯定了語言的表達功能），而是說語言不能窮盡或不能完全說出主體想要表達的東西，尤其是不能窮盡「聖人」的、具有深微神妙性質的「意」。

同樣地，文學理論中所說的「言有盡而意無窮」，也並非指語言什麼也不能表達，而是指「意」超出了語言的範圍，不能單憑理性去把握，而必須透過感受、聯想、想像、體驗等等去反覆咀嚼、領悟、體會、品味。

二、象與意的關係

在《繫辭上傳》中說「書不盡言，言不盡意。……聖人立象以盡意」。認為言雖不能盡意，而象卻是可以盡意的。「象」在這裡是特指卦象。這段話的意思是說，言所不能盡的「意」，皆包含在六十四卦象當中，因為六十四卦象具有「彌綸天地之道」、「範圍天地之化」的偉大功能，它本身不存在「不盡」的問題（只有作為對「象」的解釋的「言」，才有「不盡」的問題）。

但如果撇開六十四卦象的所謂「彌綸天地之道」、「範圍天地之化」的偉大功能不談（這種功能事實上只是一種理論上的可能，而並非真的無所不包），而單就「象」與「意」的關係而言，那麼它們的關係事實上也包括兩個方面，即：一方面，「象」是用來表達「意」的，而且從其可以定吉凶來看，它也是可以盡「意」的。另一方面，「意」在《周易》中首先是由「象」來表達的，而「象」至多只能朦朧地暗示一下《周易》的思想，因此又並不真能「盡意」。

所以，《周易》明確地肯定了「辭」的必要，認為要從卦象知吉凶，不僅要「觀其象，而且還要「玩其辭」」，「繫辭焉而明吉凶」，「聖人之情見乎辭」。而且在《周易》中，所謂「意」，多半是由「辭」（即「言」）表達出來的，或者說，正是由「辭」，才變得明確起來的。

因此，所謂「立象以盡意」，目的在於突出「象」的地位，並以此反襯出語言的有限，而並不是說「象」可以把一切的「意」都表現得清清楚楚。所以「言」不能「盡意」而「象」可以「盡意」。這句話的意思至多只能解釋為「象」囊括了一切的「意」在內，在範圍上比「言」要廣，而不能解釋為「象」把一切的「意」都表達清楚了。如果這樣的話，又何必再有卦、爻辭及《象辭傳》、《象辭傳》、《文言傳》諸篇的解釋呢？

從「象」與「意」的關係來說，其中最關鍵的其實不是能不能「盡意」的問題，而是「象」對「意」的表達與「言」對「意」的表達不同，或者「象」的包容性比「言」要大，因而能夠彌補「言」的不足的問題。

《周易》中所說的「言」，雖然具有很強的文學性，但究竟還不是文學語言，總的來看是一種比擬性、解釋性的哲學語言。而「象」卻很明顯是一種感性的東西，雖說不等於藝術形象，但卻與藝術形象相通。因此，《周易》關於言、象、意三者關係的論述，事實上隱含了一個與藝術創作密切相關的結論，即形象的東西比不形象的東西更能全面地表達主體的「意」。

從文學方面來說，「言」、「象」這兩個概念本質上是一個意思，而並不存在《周易》中所說的那種區別——即言不能盡意，象能盡意。但這裡的「象」是指由文學語言的描繪所創造的藝術形象，不是指實物具有的形象。

從這個意義上說，「言」與「意」的關係實質上也就是「象」與「意」的關係，因為凡是稱得上文學語言的，都必定是一種形象的語言。而且，無論「言」或「象」，都不可能窮盡所有的「意」，但反過來說，所有的「意」又都必須由形象的語言來加以表達。

因此，《周易》中關於言、象、意三者關係的論述，在文學上的影響主要有三個方面。

第一，由於「象」比「言」更能表達「意」，因此應當賦予「言」以「象」的特徵，即使語言形象化。清陳廷焯說：「寫怨夫思婦之懷，寓孽子孤臣之感。凡交情之冷淡，身世之飄零，皆可於一草一木發之。」①這裡通過「一草一木」的描繪而表達出情感的「象」，是「象」（藝術形象），同時也就是「言」（文學語言）。

第二，由於「象」所表達的「意」不能為「言」（解釋性的語言）所窮盡，因此「象」的妙處恰恰在於這種不能窮盡的「意」。如賈島的「松下問童子，言師採藥去。只在此山中，雲深不知處」或崔顥的「君家何處住，妾住在橫塘。停船暫且問，或恐是同鄉」，這兩首詩的表面含義是很清楚的，也是可以解釋的（可「盡」的），但它的深層含義卻只是由形象暗示出來的，也是不可能完全解釋清楚的（不可「盡」的）。

第三，由於「象」是用來表達「意」的，「意」也必須由「象」才能表達，因此「象」與「意」應當是統一的、不可分離的。在中國文學史上，劉勰曾把這兩個字合在一起，創造了一個影響深遠的概念——「意象」。他說：「元解之宰，尋聲律而定墨；獨照之匠，窺意象而運斤。」②明何景明也謂：「夫意象應曰合，意象乖曰離，是故乾坤之卦，體天地之撰，意象盡矣。」③

在文學理論中，「象」與「意」的統一同時也是「事」與「理」、「景」與

①陳廷焯：《白雨齋詞話》。
②劉勰：《文心雕龍·神思》。
③何景明：《與李空同論詩書》。

「情」等等的統一，總的來看即是藝術作品中心與物、主觀與客觀、內在的思想情感與外在的感性形式的統一。

「風骨」與「陽剛之美」

在《周易》對天地萬物生命的認識和探討當中，自始至終包含著一個基本的思想傾向，即十分重視和強調天地萬物生命的變化、發展中所表現出來的生生不息、堅不可摧、剛正勁健的偉大力量。從文學上來看，這也可以說是自《詩經》以來中國文學創作中占主導地位的審美傾向。

從文學理論上來看，其中有兩個概念與《周易》的上述思想傾向有著極為密切的關係。一是「風骨」，二是「陽剛之美」。

「風骨」一詞最初源於魏晉六朝的人物品藻，是當時借以品評各種人物的基本術語。如：

《世說新語．輕詆》：「舊目韓康伯，捋肘無風骨。」

《宋書．武帝傳紀》：「（劉裕）及長，身長七尺六寸，風骨奇特，家貧有大志，不治廉隅。」「桓玄見高祖（劉裕），謂司徒王謐曰：『昨見劉裕，風骨不恆，蓋人傑也。』」

在人物品藻當中，「風骨」一詞涉及到人物的形體外貌和精神氣質兩個方面，已經包含有審美的意義，但最初還只被應用於書法與繪畫，沒有同文學聯繫起來，也沒有後來的文學理論講得那麼明確，而且與《周易》的思想沒有直接的關係。直到劉勰寫《文心雕龍》時，「風骨」一詞才明確地成為中國古代美學和文學批評（乃至藝術批評）的一個普遍通用的術語。而且，從思想上看，劉勰的「風骨」概念是直接從《周易》關於「剛健」的思想基礎上，由改造前人的有關論述而提出的，一個具有重大美學意義的概念。

在《文心雕龍》中，劉勰直接採用《周易》中的一些看法，並聯繫到文學創作，對「風骨」進行了多方面的規定。他說：

「《詩》總六義，風冠其首，斯乃化感之本源，志氣之符契也。是以怊悵述情，必始乎風；沉吟鋪辭，莫先於骨，……結言端直，則文骨成焉；意氣駿爽，則文風清焉。若豐藻克贍，風骨不飛，則振采失鮮，負聲無力。是以綴慮裁篇，務盈守氣，剛健篤實，輝光乃新。其為文用，譬徵鳥之使翼也。……捶字堅而難移，結響凝而不滯，此風骨之力也。……夫翬翟備色而翾翥百步，肌豐而力沉也。鷹隼乏采而翰飛戾天，骨勁而氣猛也。文章才力，有似於此。……若能確乎正式，使文明以健，則風清骨峻，篇體光華……情與氣偕，辭共體併。文明以健，珪璋乃騁。蔚彼風力，嚴此骨鯁。才鋒峻立，符采克炳。」①

從這一段論述來看，劉勰所說的「風骨」是專門針對文學作品而言的。「風」指文學作品的感染作用，同時又與「氣」或創作主體的情感、氣質、個性、才能、志向等等有關；「骨」指文學作品的思想內涵，同時又與創作主體的人格、氣節等等有關。而且，無論「風」還是「骨」，都與文學作品的文采、氣勢及生動有力的言辭、清晰嚴密的結構有關，總之，與文學作品所表現出來的力量（感染力、說服力以及創作主體的人格力量）有關。

從美學上看，「風骨」之美也就是「力」之美（僅在《風骨》一篇中，劉勰就用了七個「力」字，而且把它同「風」和「骨」聯繫起來，認為「風」和「骨」都有「力」），但這種「力」並不是毫無節制之力，而是一種合乎情理之力。因此，「風骨」之美同時也就是《周易》中所說的，具有「中正」、「純粹」、「精」等特點的「剛健」之美。從更大的範圍上講，「風骨」之美，同時也可以說即是一種「陽剛之美」。

「陽剛之美」的概念出自清代古文學家姚鼐的《復魯絜非書》一文。他在這篇文章中，把歷代的「文」區分為「得於陽與剛之美者」和「得於陰與柔之美者」兩類，認為：

「其得於陽與剛之美者，則其文如霆，如電，如長風之出谷，如崇山峻崖，如訣大川，如奔騏驥；其光也，如杲日，如火，如金鏐鐵；其於人也，如馮（憑）高視遠，如君而朝萬眾，如鼓萬勇士而戰之。其得於陰與柔之美者，則其文如升初日，如清風，如雲，如霞，如煙，如幽

①劉勰：《文心雕龍·風骨》。

林曲澗，如淪，如漾，如珠玉之輝，如鴻鵠而入廖廓；其於人也，漻乎其如嘆，邈乎其如有思，暵乎其如喜，愀乎其如悲。觀其文，諷其音，則為文者之性情形狀舉以殊焉。」①

姚鼐認為，從歷史上來看，陽剛與陰柔可以有所「偏勝」，但不可有所「偏廢」。因此，他認為，「苟有得乎陰陽剛柔之精，皆可以為文章之美」，但「陰陽剛柔並行而不容偏廢，有其一端而絕亡其一，剛者至於僨強而拂戾，柔者至於頹廢而暗幽，則必無與文者矣」②。

但就姚鼐個人的主張來說，他是更強調「陽剛之美」的。他所說的「陽剛之美」既不完全與劉勰所說的「風骨」相同，也超出了《周易》講的「剛健中正」之美的範圍，但其立論的依據卻是從《周易》的陰陽剛柔思想中借來的。而且，他在肯定了陽剛、陰柔各有其美且不可偏廢的基礎上，更為重視和強調陽剛之美，認為「其尤難得者，必在乎天下之雄才也」③。

因此，從劉勰所說的「風骨」和姚鼐所說的「陽與剛之美」或「陽剛之美」這兩個概念來看（在歷史上，有關這方面的論述決不限於他們二人，只不過他們二人的說法較有代表性罷了），強調氣勢、風骨、力量、剛健或陽剛之美的表現，乃是中國文學史上一個占主導地位的思想觀念、審美趣味和藝術理想。

從具體的文學創作上來看，最早地表露了這種觀念、趣味和理想的是《詩經》。劉勰在談到「風骨」時，即以《詩經》為其立論的文獻依據，而姚鼐在談到「陽剛」、「陰柔」之美時，也認為「《易》、《詩》、《書》、《論語》所載，亦間有可以剛柔分矣」④。在《詩經》中，其中有不少詩歌是頗能體現《周易》中所說的那種「剛健中正」之美的，也可以說是「結言端直」、「意氣駿爽」、「風清骨峻」的，如《商頌·殷武》：

撻彼殷武，奮伐荊楚／深入其阻，裒荊之旅／有截其所，湯孫之

①姚鼐：《惜抱軒文集》卷六。

②姚鼐：《海愚詩鈔序》，《惜抱軒文集》卷四。

③姚鼐：《海愚詩鈔序》，《惜抱軒文集》卷四。

④姚鼐：《復魯絜非書》。

緒／維女荊楚，居國南鄉／昔有成湯，自彼氐羌／莫敢不來享，莫敢不來王，曰商是常／天命多辟，設都於禹之績／歲事來辟，勿予禍謫，稼穡匪解／天命降臨，下民有嚴／不僭不濫，不敢怠遑／命於下國，封建厥福，商邑翼翼，西方之極／赫赫厥聲，濯濯其靈／壽考且寧，以保我後生／陟彼景山，松柏丸丸／是斷是遷，方斫是虔／松桷有梴，旅楹有閑，寢成孔安。

全詩從商伐荊楚，諸侯臣服寫到商都的繁盛，宗廟的建立，不僅形象生動，語言簡煉，而且很有氣勢。

《詩經》之後，較能體現《周易》中所說的那種「剛健」之美的是被推崇為「漢魏風骨」的建安文學。如三國時魏政治家曹操的《步出夏門行》之第一、四章：

東臨碣石，以觀滄海。

水何澹澹，山島竦峙。

樹木叢生，百草豐茂。
秋風蕭瑟，洪波湧起。
日月之行，若出其中。
星漢燦爛，若出其裡。
幸甚至哉，歌以咏志。

……

神龜雖壽，猶有竟時。
騰蛇乘霧，終為土灰。
老驥伏櫪，志在千里。
烈士暮年，壯心不已。
盈縮之期，不但在天。
善怡之福，可得永年。
幸甚至哉，歌以咏志。

曹操是建安文學的首腦人物，其詩作慷慨激昂、雄勁奔放而又不失古樸渾厚之氣。《步出夏門行》的第一章是中國文學史上不可多得的寫景名作，但他的這首詩卻又並非單純地描寫洪波湧起、星漢燦爛的壯麗景象，而是為了進一步抒發個人遠大的志向和抱負，以及「周公吐哺，天下歸心」（見其所作《短歌行》），建功立業、經邦濟世的崇高理想。這種境界，在建安文學的其他代表人物中，是很少或幾乎沒有人所能企及的。

漢魏以後，中國的文學經歷了一段較少剛健或陽剛之美、而專在辭藻的華麗方面下功夫的時期（以齊梁，特別是陳代文學為代表）。但入唐以後，剛健或陽剛之美卻又隨著國力的強盛而有了一個大的發展。初唐和盛唐的文學總的來看是傾向於剛健或陽剛之美的。其中，最有代表性的是陳子昂、駱賓王、楊尚、高適、王昌齡、杜甫、韓愈等人的詩文創作，如：

平生白雲意，疲薾愧為雄。
君王謬殊寵，旌節此從戎。
挼繩常繫虜，單馬豈邀功。
孤劍將何托，長謠塞上風。

——陳子昂：《東征答朝臣相送》

君不見！
走馬川行雪海邊，
平沙莽莽黃入天。
輪臺九月風夜吼，
一川碎石大如斗，
隨風滿地石亂走。
匈奴草黃馬正肥，
金山西見煙塵飛，
漢家大將西出師！
將軍金甲夜不脫，
半夜軍行戈相撥，
風頭如刀面如割。
馬毛帶雪汗氣蒸，

五花連錢旋作冰，
幕中草檄硯水凝。
虜騎聞之應膽攝，
料知短兵不敢接！
車師西門佇獻捷！
——岑參：《走馬川行奉送封大夫出師西征》

蕭關隴水入官軍，
青海黃河捲塞雲。
北極轉愁龍虎氣，
西戎休縱犬羊群。
——杜甫：《喜聞盜賊總退口號》

男兒生世間，及壯當封侯。
戰伐有功業，焉能守舊丘？

如募赴薊門，軍動不可留。

千金買馬鞭，百金裝刀頭。

閭里送我行，親戚擁道周。

斑白居上列，酒酣進遮羞。

少年別有贈，含笑看吳鈎。

——杜甫：《出塞曲》之一

以上這些詩，無論從語言上還是從思想內容上看，都充滿了一種勢不可擋的力量。語言簡練而不乏文采，其中既包含著對民族存亡的深切關注，同時又包含著積極有為、堅韌不拔、健康向上的奮鬥進取精神和不畏艱險、不畏強暴、把國家利益置於個人安危之上的道德人格力量，可以說非常形象而生動地表達了《周易》中所說的「天行健，君子以自強不息」的那種積極入世的態度和人生理想。

唐以後，宋代「豪放派」的詞也是頗能體現陽剛之美的。如陳亮的《水調歌頭·送章德茂大卿使虜》：

不見南師久，漫說北群空。當場隻手，畢竟還我萬夫雄。自笑堂堂漢使，得似洋洋河水，依舊只流東。且復穹廬拜，會向藁街逢。

堯之都，舜之壤，禹之封，於中應有，一個半個恥臣戎。萬里腥膻如許，千古英雄靈安在，磅礴幾時通？胡運何須問，赫日自當中。

詞的作者南宋思想家陳亮（一一四三—一一九四）生活在國力式微、山河破碎的南宋，但他的這首詞卻仍保持著樂觀向上的精神和堅不可摧的民族氣節。這種精神和氣節，正是中華民族歷經數千年的興衰成敗而仍能屹立於世界之林的強大精神支柱，同時也是《周易》所講的剛健之美和永恆不息的生命力的、最有力的見證。

在中國現代文學中，魯迅先生是極為推崇剛健之美並且取得了很高成就的一個偉大人物。他不僅在《摩羅詩力說》和《生命之路》等文中，充分肯定了剛健不撓的民族精神和不可遏止的生命力，而且在《野草》、《彷徨》等作品中充分地表現了剛健、力量之美。

音樂

音樂是一種以情感表現為主的藝術，但在中國古代音樂中，這種表現又與天地、生命的變化發展及社會的政治倫理道德有著極為密切的關係。《周易》中有不少地方談到過樂，如「得敵，或鼓或罷，或泣或歌」（「中孚」），「先王以作樂崇德，殷薦之上帝，以配祖考」（「豫」）。這兩條爻辭即不但肯定了音樂具有表現情感的功能，而且認為音樂具有祭祀上帝、祖先及宣揚、表彰功德的社會政治倫理功能。

這個看法，可以說是中國古代音樂理論的一個基本觀點。因為在古代的音樂理論——尤其是以儒家思想為基礎的音樂理論中，音樂往往被看作是一種具有強烈的感染力，並且對社會的穩定及人心的教化有著極大影響力的藝術。

音樂的本質和功能的易學闡釋

從理論上看，對音樂的解釋首先涉及到對它的本質和功能的解釋。在古代音樂理論著作中，特別是在作為儒家經典作品的《樂記》以及多少受到了儒家思想影響的三國時魏文學家阮籍（二一〇—二六三）的《樂記》、三國時魏文學家嵇康（二二四—二六三）的《聲無哀樂論》、東漢初哲學家桓譚（約前四〇—約三二）的《新論・琴道》等作品中，這個問題的解釋很明顯地同《周易》的思想有關。其中，最突出地表現在對樂與感、樂與象、樂與文（飾）、樂與德、樂與和等問題的解釋上。

一、樂與「感」的關係

我們已經說過，「感」是中國古代美學，同時也是《周易》美學中所包含的一個非常重要的概念。從歷史上來看，最早將「感」運用於美學的是荀子，而荀子對「感」這一概念的解釋又直接導源於《周易》咸卦的啟發。

《荀子・大略》中說：「《易》之「咸」，見夫婦。夫婦之道，不可不正也，君臣父子之本也。咸，感也，以高下下，以男下女，柔上而剛下。」荀子認為，人的一切生理欲求都是「感而自然」①的結果，因此，「夫樂者，樂也，人情之所必不免也，故人不能無樂。」②即音樂的產生源於人的感性衝動，是不可避免並且不可取消的。但是，如果對這種感性衝動不加以規範、引導而任其自然發展，則勢必走向邪惡。因此，荀子在肯定了包括音樂在內的一切感官欲求，皆具有合理性和普遍性的同時，又主張對這一感官欲求加以約束（即「正」），使其在社會倫理道德的範圍內獲得滿足（即將之引向正道）。

所以，荀子認為，「先王」制「樂」的目的，一方面在於滿足人的「感而自然」的、正當合理的生理欲求或感性欲求；另一方面又在於引導、規範、約束這種欲求，使它符合社會倫理道德規範而不致於把人引向邪惡。所以，「先王」所制之「樂」，乃是一種「足以感動人之善心」③的「樂」。

在荀子的思想中，「感」具有兩層含義：一是指人受外物的影響而自然產生的感性衝動；二是指音樂和禮法等等對人的感化、感動或感染作用。

荀子之後，《樂記》對「樂」與「感」的關係問題進行了更為全面、系統的

①《荀子・性惡》。
②《荀子・樂論》。
③《荀子・樂論》。

發揮。其全部理論都可以說正是建立在心物交感的基礎上的。《樂記》對此進行了反覆的解釋和說明，如：

「凡音之起，由人心生也。人心之動，物使之然也。感於物而動，故形於聲。聲相應，故生變。變成方，謂之音。比音而樂之，及干戚羽旄，謂之樂。」

「樂者，音之所由生也，其本在人心之感於物也。是故其哀心感者，其聲噍以殺；其樂心感者，其聲嘽以緩；其喜心感者，其聲發以散；其怒心感者，其聲粗以厲；其敬心感者，其聲直以廉；其愛心感者，其聲和以柔。六者非性也，感於物而後動。」

「人生而靜，天之性也。感於物而後動，性之欲也。」

在《樂記》看來，「人心感於物」是「樂」產生的根本。人心本是靜的，因感於外物而使人對外物表現出好惡、喜怒、哀樂等各種情感態度，這種情感態度表現於外即產生了聲音，而如果這種聲音符合社會倫理道德的要求並具有美的形式（「文」），即產生了音樂。

在《樂記》的思想中，「感」是對音樂創作中心（人）、物（對象）關係的一種描述。具體說來也包括兩層含義：一是指人（音樂創作主體）對外物的感動、感受；二是指音樂對人（音樂欣賞者）的感染、感化。但《樂記》又指出了人心中的情感不同，以此情感去感物而得的「聲」也不同，強調了物對心、心對物的相互交感作用。

從音樂美學的角度來看，「感」這一概念的引入具有多方面的意義。

首先，它說明音樂從本質上來說是一種情感表現藝術，而這種情感表現又是同主體對外部事物的感受分不開的，或者說是同主體與客體之間的交感作用分不開的。沒有主客體之間的交感作用，也就沒有情感，因而也就沒有作為情感表現的音樂。

其次，它說明音樂作為一種情感表現藝術，同主體的自然生命的各種感官生理欲求有著密切的關係，但與此同時，它又同社會群體的維繫、國家政治秩序的安定及倫理道德的倡明有著密切的關係，即《樂記》所謂樂「與政通」、樂「通倫理」。

再次，它還說明音樂對人及社會的作用，是一種以感官的愉悅為基礎，以道德上的感化為核心的情感作用，而不是一種抽象的說教或對人心及人的行為的強制性的約束。在古代音樂理論中，「感」和「化」往往聯繫起來講。而「化」這個概念是明顯同《周易》中所講的「化」有關係的。《周易》中有很多地方講到「化」，如「乾道變化，各正性命」（乾卦）、「含萬物而化光」（坤卦）、「天地感，而萬物化生」（咸卦）、「聖人久於其道，而天下化成」（恆卦）。在《周易》中，「化」指變化，也指教化。而無論是變化還是教化，都是一種合乎自然的過程，而不是一種人為的、機械的、強制性的過程。

二、樂與「象」的關係

從《荀子·樂論》到《禮記·樂記》，還發揮了與《周易》相關的一個重要思想，即認為音樂有象徵天地萬物、君臣父子、人倫道德的重大作用。《荀子·樂論》中說：

「聲樂之象，鼓大麗（厲），鐘統實，磬廉制，竽、笙肅和，筦、龠發猛，塤、篪翁博，瑟易良，琴婦好，歌清盡，舞意天道兼。鼓，其樂之君邪！故鼓似天，鐘似地，磬似水，竽、笙、筦、籥似星辰日月，鞉、柷、拊、鞷、椌、楬似萬物。」

「君子以鐘鼓道志，以琴瑟樂心。動以干戚，飾以羽旄，從以簫管。故其清明像天，其廣大像地，其俯仰周旋有似於四時。」

《樂記》中也說：

「聲音，樂之象也。」

「律大小之稱，比終始之序，以象事行，使親疏、貴賤、長幼、男女之理皆形見於樂。」

在古代音樂理論中，「象」與《周易》中所說的「象」有很為相通的一面。音樂理論中所說的「象」大體說來有兩層含義：一是指音樂的感性表現形式（樂音的構成、旋律等）及其所喚起的某種意象。《荀子・樂論》中所說的「聲樂之象」或《禮記·樂記》的「聲音，樂之象也」，大體上指的是這一層意思。二是指音樂的象徵作用。如荀子所說君子的音樂像天一樣清明，像地一樣廣大，或猛烈的鼓聲像天和君，洪亮渾厚的鐘聲像地，節奏清晰的磬聲像水，整齊和諧的竽、笙聲和激昂奮發的筦、龠聲像日、月、星辰等等以及《禮記·樂記》中的音樂聲音的高低和音程、樂段的次序，可以用來象徵「親疏、貴賤、長幼、男女之理」，即指的是音樂的訴之聽覺的象徵作用。

就其象徵的功能來說，訴之聽覺的音樂之「象」與訴之視覺的卦象之「象」是相似的。因為它們都體現了天地生命的「道」或「理」，都同天地萬物及社會人事有關，但卻又都不是對天地萬物及社會人事的簡單模仿。在音樂中，固然也包括某些再現性的因素，如韓愈《聽穎師彈琴》中所描寫的：「昵昵兒女語，恩怨相爾汝；劃然變軒昂，猛士赴敵場」或白居易《琵琶行》中所描寫的：「大弦嘈嘈如急雨，小弦切切如私語；嘈嘈切切錯雜彈，大珠小珠落玉盤。」但總的來看，音樂並不是一種再現藝術。而且，由音樂所引起的各種聯想同欣賞者有關，常常帶有很大的不確定性。

從音樂理論的角度來說，「象」這一概念的引入，一方面說明了音樂是一種具有感性形式並且是直接訴諸人的感性的藝術，另一方面也說明了音樂不但具有感性形式，而且具有超出感性範圍以外的理性內容，從而同宇宙生命的變化發展規律及社會政治倫理道德有著密切的關係。其次，它還說明了音樂是以它所喚起的審美意象，而不是以抽象的道理來對人發生作用。

在古代，有所謂「象教」的說法，用現代語言來說，「象教」也就是形象教育，相當於藝術教育或審美教育。其中，自然也包括音樂在內。

三、樂與「文」的關係

音樂是由聲音構成的，但它並不能等同於任何自然發出的聲音。從自然發出的聲音到音樂的樂音，從單個的樂音到完整的音樂作品，其中經過了一連串的加工、改造過程，這個過程，也就是古代樂論中所說的「文」或「飾」的過程：《荀子・樂論》中說：

「故樂者，審一以定和者也，比物以飾節者也，合奏以成文者也。」

「且樂者，先王之所以飾喜也；軍旅鈇（斧）鉞者，先王之所以飾怒也。」

《禮記·樂記》中也說：

「聲音，樂之象也。文采節奏，聲之飾也。君子動其本，樂其象，然後治其飾。」

在古代音樂理論中，「文」有兩層含義：一是指音樂本身或音樂對人的情感的引導、規範、節制、修飾；二是指音樂的文采節奏或音樂中各種聲音的安排、協調、約束、修飾。

從美學上看，「文」這個概念的引入在音樂研究中也具有多方面的意義：

首先，它說明了音樂是對人的情感的一種有節制的表現（即荀子所謂「流而不亂」），而不是人的情感的一種任意的或野性的發泄、氾濫。同時也說明了美的音樂既是合乎人的感性要求的，而且也必定是合乎人的理性要求的。

其次，它說明了音樂具有合規律的形式結構，即具有文采和節奏，而不是任何自然的聲音的堆砌或毫無規律的混雜。

再次，它還說明了音樂具有「文」、「飾」人心或人的行為的作用。換句話說，音樂可以安定、教化人心，約束人的感性衝動，並使人的行為、動作秩序化、節奏化或藝術化。而且，作為一種教養，音樂也可以克服人的粗野，使人變得文明和高尚起來。

四、樂與「德」的關係

樂與德的關係問題是先秦儒家音樂美學中的一個中心議題。而《周易》豫卦中所說的「先王以作樂崇德」的話，可以說是對儒家音樂美學思想中有關該問題看法的、一個最簡單明瞭的概括。

在《周易》中，「德」是一個很重要的概念，而且出現的頻率相當高，如：

「地勢坤，君子以厚德載物。」（《象辭上傳・坤》）

「蒙，君子以果行育德。」（《象辭上傳・蒙》）

「大畜，剛健篤實輝光，日新其德。」（《象辭上傳・大畜》）

「蹇，君子以反身修德。」（《象辭下傳・蹇》）

「升，君子以順德，積小以高大。」（《象辭下傳・升》）

「聖人所以崇德而廣業也，知崇禮卑，崇效天，卑法地。」（《繫辭上傳》）

「履，德之基也；謙，德之柄也；復，德之本也；恆，德之固也；損，德之修也；益，德之裕也；困，德之辨也；井，德之地也；巽，德之制也。」（《繫辭上傳》）

《周易》（《易傳》）中的崇德思想很顯然是來自極為重視「德治」、「禮治」的孔子。而所謂「德」，在這裡所指的主要即是社會的倫理規範和與社會倫理規範相適應的個人的品德。

在深受《周易》影響的《禮記・樂記》一書中，「德」也具有非常重要的意義。《禮記・樂記》對音樂的本質和功能的解釋，自始至終是與「德」聯繫起來的，如：

「樂者，通倫理者也。……禮樂皆得，謂之有得，德者得也。是故樂之隆，非極音也；食饗之禮，非致味也。」

「德盛而教尊，五谷時孰，然後賞之以樂。」

「樂章德，禮報情。」

「德者，性之端也。樂者，德之華也。」

這裡所說的「德」與《周易》中所說的「德」意思一樣。因此，所謂「樂」與「德」的關係，也就是音樂與道德的關係，美與善的關係。在古代音樂理論中，「德」的概念主要是用來說明音樂的道德教化功能，並且要求音樂所表現的情感和引起的審美愉悅，必須符合社會倫理道德的要求。

五、樂與「和」的關係

「和」是中國古代各門藝術所追求的最高理想。音樂更不例外（據郭沫若《釋和言》一文考證，甲骨文中的「和」指的是一種樂器（小笙）。因此，「和」的觀念可以說是從音樂中引發出來的）。《左傳．昭公二十五年》中說：

「先王濟五味，和五聲也，以平其心，成其政也。聲亦如味，一氣，二體，三類，四物，五聲，六律，七音，八風，九歌，以相成也。清濁，大小，短長，疾徐，哀樂，剛柔，遲速，高下，出入，周疏，以相濟也。君子聽之，以平其心。心平於和。」在《左傳》之後，《禮記·樂記》以《周易》的思想為基礎，更為全面地談到了音樂中「和」的問題。它說：

「樂者，天地之和也。禮者，天地之序也。和，故百物皆化。序，故群物皆別。……天尊地卑，君臣定矣，卑高已陳，貴賤位矣。動靜有常，小大殊矣。方以類聚，物以群分，則性命不同矣。在天成象，在地成形。如此，則禮者天地之別也。地氣上齊，天氣下降，陰陽相摩，天地相蕩，鼓之以雷霆，奮之以風雨，動之以四時，暖之以日月，而百化興焉。如此，則樂者天地之和也。」

「夫民有血氣心知之性，而無哀樂喜怒之常，應感起物而動，然後心術形焉。……是故先王本之情性，稽之度數，制之禮義，合生氣之和，道五常之行，使之陽而不散，陰而不密，剛氣不怒，柔氣不懾，四暢交於中，而發作於外，皆安其位而不相奪也。」

《禮記·樂記》的這兩段論述源自荀子「禮別異」、「樂和同」的思想，同時又十分明顯地吸收了《易傳》的思想。

由於吸收了《易傳》的思想，《禮記·樂記》對音樂的「和」的解釋與前人的論述比較起來，已經有了很大的不同。

首先，《禮記·樂記》所講之「和」乃是天地之和、陰陽之和、剛柔之和、生命之和的反映。這種看法在後世的音樂理論中產生了廣泛的影響，幾乎成為一種不可移易的定論。

後世的理論家談音樂，多半不侷限於音樂中各種不同聲音的協調，而是從天地、陰陽、剛柔、生命出發去解釋音樂中「和」的問題。如阮籍《樂論》中說：「聖人之作樂也，將以順天地之性，體萬物之生也。故定天地八方之音，以迎陰陽八方之聲；均黃鐘中和之律，開群生萬物之情氣。」道教經典《太平經》中也說：「陰陽調則其聲易聽，陰陽不和，乖逆錯亂，則音聲難聽。」這些看法，總的來看，都是從《周易》的思想引申出來的。

其次，由於音樂之「和」是天地、陰陽、剛柔、生命之和的反映，因此，反過來說，音樂的最大功能即在於促成天地、陰陽、剛柔、生命之和的實現。《禮記・樂記》中說：

「故大人舉禮樂，則天地將為昭焉。天地訢合，陰陽相得，煦嫗覆育萬物；然後草木茂，區萌達，羽翼奮，角觡生，蟄蟲昭蘇，羽者嫗伏，毛者孕鬻，胎生者不殰，而卵生者不殈，則樂之道歸焉耳。」

「樂行而倫清，耳目聰明，血氣和平，移風易俗，天下皆寧。」

在古代的音樂理論中，音樂不僅可以協調天地、陰陽、剛柔，而且可以使社會安定，道德倡明，人心和平，甚至可以修身養性，調和血氣，有利於身心健康。總之，音樂之「和」可以有效地促成宇宙萬物及生命的順利發展。這種觀念，從思想上看，正是從《周易》中所講的「各正性命，保合太和，乃利貞」來的。

律呂與陰陽、象數的關係

從音樂創作上看，對音樂的解釋直接涉及到對它的具體構成的解釋。在古代，這種解釋在很大程度上也是同《周易》的思想，特別是同它的陰陽、象數觀念相關的。

一、律呂與陰陽的關係

古人認為，音樂是由五聲（或五音）、八音等等為表現媒介，經由律、呂的協調而構成的。

所謂「五聲」（或五音」），即五個從低到高排列起來的樂音，相當於現代音樂簡譜中的1、2、3、5、6、——古人稱之為宮、商、角、徵、羽（後來加上變徵——相當於4和變宮——相當於7，構成「七音」）。其中，宮為五聲之主，是統帥其他四聲的主音。《國語·周語下》說：「大不逾宮，細不過羽。夫宮，音之主也，第以及羽。」從一般的情況看（抽象地看），宮是五聲的起點，只要宮聲的音高確定了，其他各聲的音高也就可以相應地得到確定。但在具體的音樂創作中，並非都以宮聲為起點或以宮聲的音高來確定其他各聲的音高。

事實上，五聲中的每一聲都可以作為起點，並以此來確定其它各聲的音高。這樣，也就出現了五個以不同音（聲）為主音的調式，即宮調式、商調式、角調式、徵調式、羽調式（或再加上變徵調式、變宮調式，構成七個音調）。

在古代音樂理論中，對「五聲」的起源和性質的解釋，往往同陰陽五行的觀念聯繫起來，即把「五聲」與「五行」相配（宮屬土，商屬金，角屬木，徵屬火，羽屬水）。同時，由於五聲有一個從低（重、濁）到高（輕、清）的變化過程。因此，古人認為「五聲」也可象徵陰陽二氣的彼此消長、一年四季的交替變化及世間萬物由始而終的發展，甚至還可以象徵社會的禮儀等級秩序（君臣關係）及其他一切以「五」為數量的事物（五味、五色等等）。

這一類的說法難免牽強附會，但卻有一點是合理的，即肯定了聲音的客觀來源（或音樂藝術與現實世界的相互關係），並覺察到了聲音變化的合規律性（這種規律性，乃是創造音樂形式結構的基礎）。

至於「八音」，並不是與「五音」不同的另外八種音，而是指由金、石、土、革、絲、木、匏、竹八種材料製成的樂器，或指由這八種樂器，根據五聲的變化敲打、彈奏出來的聲音。在理論上，古人認為這八種基本樂器所發出來的聲音，與八卦相配，並同風、氣相關。

《莊子·齊物論》說：「大塊噫氣，其名為風。」《廣雅·釋言》說：「風，氣也」，「風」為「氣」所生，或「風」即是「氣」。在音與風、氣之間，有一種相互關係，即氣之動生風，風之動生音，反過來說，音又可以對風、氣施加影響。由於氣的變化（同時也是陰陽的變化），風也有不同的方向和性質。

古人認為，風有八種，即廣莫風（北風）、條風（東北風）、明庶風（東風）、清明風（東南風）、景風（南風）、涼風（西南風）、閶闔風（西風）、不用風（西北風）①。可見，在古人看來，八音與八卦、八方、八風等等之間有一種相互對應的同構關係，同時也就意味著音樂同陰陽二氣的變化或宇宙、天地萬物的變化，有一種相互對應的同構關係。

①關於「八風」，有不同的說法，《黃帝內經靈樞·九宮八風篇》謂「大剛風、凶風、嬰兒風、弱風、大弱風、謀風、剛風、折風」，《呂氏春秋·有始覽》謂「寒風、炎風、滔風、熏風、巨風、凄風、飂風、厲風」。

《禮記·樂記》說：「聲相應，故生變，變成方，謂之音。」古代樂論中說的「五聲」，本身只是對各種聲音的抽象概括，並且在性質上包含著高低、輕重、清濁等等不同的變化。孤立地看，「五聲」只是一種音樂表現媒介。只有對五聲的變化加以確定，使之構成一種合乎規律的、協調和諧的關係，並落實到具體的樂器上，它才能構成完整優美的音樂作品。因此，從「聲」或從「五聲」到「八音」之間，還有一個重要環節，即五聲的協和（「變成方」之謂）。而協和五聲的方法，即是律呂。

在古代，律、聲、音三者並提，如《尚書·益稷》有「予欲聞六律、五聲、八音」，《周禮·大司樂》有「以六律、六同、五聲、八音」。三者的關係聯貫起來說即是：聲經過律呂的協和產生音（音樂）。

「律呂」是律和呂的統稱。在理論上，古代認為律呂也是同陰陽相關的。律屬陽，也稱為「陽六律」，包括黃鐘、太簇、姑洗、蕤賓、夷則和無射；呂屬陰，也稱「陰六律」，包括大呂、夾鐘、仲呂、林鐘、南呂和應鐘。十二律像乾、坤十二爻，並與十二月、十二支和十二節氣等等相配。

在數量（律管長度）上，各律、各呂之間構成一定的比例關係，在性質上，古人把它界定為一種相生關係，即黃鐘生林鐘，林鐘生太簇，太簇生南呂，南呂生姑洗，姑洗生應鐘，應鐘生蕤賓，蕤賓生大呂，大呂生夷則，夷則生夾鐘，夾鐘生無射，無射生仲呂。

從卦象來看，即是乾的初九爻生坤的初六爻，坤的初六爻生乾的九二爻，乾的九二爻生坤的六二爻，等等。這種相生關係，所體現的也就是《周易》所探討的陰陽變化規律。因此，古人認為，十二律可以宣氣助物，同時又同氣的變化和萬物的生長有著密切的關係。

如明朝律學家朱載堉《樂律全書・黃鐘歷議上》說：「至治之世，天地之氣，合以生風。天地之風氣正，十二律定。十二律者，六律為陽，六呂為陰。……故陰陽之施化，萬物之終始，既類旅於律呂，又經歷於日辰，而變化之情可見矣。……律呂唱和，以育生化成，歌奏用焉。指顧取象，然後陰陽萬物靡不條鬯該成。」

總的來說，古人對聲、音、律的解釋或對音樂的解釋，是以《周易》的思想為其理論前提的。

二、律呂與象數的關係

律呂是確定五聲音高或協調五聲的方法，同時也是十二根長度不等的竹管即律管（相當於現在的定音器）。管的長度不同，吹出來的聲音的音高也就不同。五聲中的宮、商、角、徵、羽均可以分別用這十二根長度不等的律管來確定。這樣也就可以得到十二個宮音、十二個商音、十二個角音、十二個徵音、十二個羽音（其中，以黃鐘確定的宮音稱為黃鐘宮，以林鐘確定的宮音為林鐘宮，餘類推。事實上，這只是一種可能，在實際運用中，能用得上的畢竟只是少數）。

古人認為，十二律或十二根律管的長度之間有一定的比例關係，即以某一根律管為準，增加三分之一或減去三分之一，均可得出另一根律管的長度。這叫做「三分損益法」。損即減去，益即增加。從相生的關係而言，損為下生，益為上生。一般說來，因為黃鐘為十二律之首，故以黃鐘為律之準。

黃鐘的長度古人定為九寸。按「三分損益法」，十二律的管長即分別為：黃鐘九寸，林鐘六寸，太簇八寸，南呂約五·三三寸，姑洗約七·一一寸，應鐘約四·七四寸，蕤賓約六·三二寸，大呂約八·四二寸，夷則約五·六二寸，夾鐘約七·九四寸，無射約四·九九寸，仲呂約六·六六寸。

這種數量關係的確定，古人認為是同《周易》的象數理論有關的。如《漢書．律歷志》中說：「物生而有象，象而後有滋，滋而後有數……黃鐘初九，律之首，陽之變也。因而六之，以九為法，得林鐘初六，呂之首陰之變也。」在十二律中，有三個整數，即黃鐘九寸、林鐘六寸、太簇八寸，按《漢書．律歷志》的說法，它們分別代表天、地、人三統，即黃鐘為天統、林鐘為地統、太簇為人統。在理論上，同《周易》的「三才」思想相關。

舞蹈

在中國古代，舞蹈和音樂經常是聯繫在一起的。先秦文獻中所說的「樂」，不完全是我們今天所說的音樂，同時也包含舞蹈和詩歌。《禮記．樂記》所謂「比音而樂之，及干、戚、羽、旄，謂之樂」，「鐘鼓管磬，羽龠干戚，樂之器也；屈伸俯仰，綴兆舒疾，樂之文也」。在古代，樂、舞不分，舞被認為是樂（音樂）的文飾，或者說是音樂的節奏、意義的一種直觀表現。《毛詩序》中說：「情動於中而形於言，言之不足故嗟嘆之，嗟嘆之不足故永歌之，永歌之不足，不知手之舞之，足之蹈之。」

作為一種以身體動作為表現媒介的時空藝術，舞蹈直接訴諸人的視覺感受，因而看起來要比音樂形象一些，並且可以彌補音樂只能訴諸聽覺，不能訴諸視覺的不足。與此同時，舞蹈又是根據音樂而來的，它的節奏與音樂的節奏相一致，但在情感的表達上，舞又比樂更為強烈。

舞蹈的起源及舞與巫的關係

從歷史上來看，舞蹈最終起源於人的生產勞動，而且尤其同原始時代的狩獵活動有著密切的關係。內蒙古陰山、廣西花山崖、福建華安等地發現的岩畫中，有不少舞蹈場面的刻劃。這些舞蹈場面，多半即是對狩獵活動的描繪。

從文獻記載上看，《尚書》中所說的「百獸率舞」、《呂氏春秋》中所說的三人操牛尾而舞的「葛天氏之樂」以及後來的羽舞、皇舞、旄舞等舞蹈，也都與狩獵活動有關。

除了狩獵活動之外，早期的舞蹈還同戰爭有著密切的關係。《山海經·海外西經》載：「刑天與帝爭神，帝斷其首，葬之常羊之山。乃以乳為目，以臍為口，操干戚以舞。」干和戚是遠古時代的兵器，干戚之舞即是一種戰爭舞，相當於周代的所謂「武舞」。這種舞蹈既是戰爭動作的模擬，同時又具有訓練和實踐的意義。《韓非子・五蠹》中說：「當舜之時，有苗不服，禹將伐之。舜曰：不可，上德不厚而行武，非道也。乃修教三年，執干戚，有苗乃服。」從這個傳說來看，起源於三代以前的干戚舞相當於一種軍事演習，其目的主要在於戰爭的需要。

脫胎於干戚舞的周初六舞中的大檻、大武等武舞，也是執干戚而舞的，其中雖然加入了歌功頌德的內容，並明顯地具有喜慶的意味，但總的來看也是與戰爭有關。《禮記・樂記》載：「且夫《武》始而北出，再成而滅商，三成而南，四成而南國是疆，五成而分（夾），周公左，召公右，六成復綴，以崇天子。夾振之而駟伐，盛威於中國也；分夾而進，事蚤濟也；久立於綴，以待諸侯之至也。」《武》即《大武》，從《樂記》的這段敘述來看，《武》在這裡是一種共分六段的集體舞，所表現的是武王伐紂的故事和武王征服四方、平定疆土、安定國家的偉大功德。

整個舞蹈層次分明，結構嚴謹，有分有合，起伏有序而且氣勢雄健。

除了狩獵和戰爭等活動外，舞蹈還同巫術祭祀活動有著非常重要的關係。

《周易》中說：「先王以作樂崇德，殷薦之上帝，以配祖考。」這裡的「樂」，自然也包括舞蹈在內。而所謂「德」，在《周易》中既指倫理道德，也可指天地之「德」和祖先、「聖王」的功業或功德。這種「德」的表現，往往是由巫術祭祀活動來完成的。

在古代，巫師不僅能夠「通神」，而且善於跳舞。《周禮・春官》疏：「司巫……，若國大旱，則帥巫而舞雩」。「雩」是一種祭祀舞，其目的在求雨。在甲骨文中，巫寫成「□」，表示巫可以溝通天地四方。在小篆中，巫寫成「□」，與甲骨文中的舞——「□」、「□」相似。故許慎《說文解字》中說：「巫。祝也，能事無形，以降神者也，像人兩袖舞形。」巫的目的在於事「神」，或祈求神靈的庇護，以保障人世的安定和幸福。而舞則往往被當成事「神」的手段，或者被作為整個巫術儀式的一個重要組成部分。其中最重要的是雩舞、奏舞、桑林舞等祭祀舞。

但從中國早期舞蹈的發展情況來看，事實上所有的舞蹈都同巫術祭祀活動有關係。《呂氏春秋・古樂篇》中說：「昔陶唐氏之始，陰多滯伏而湛積，水道壅塞，不行其原，民氣鬱閼滯著，筋骨瑟縮不達，故作為舞以宣導之」，又說：

「帝堯立，乃命質為樂……以舞百獸，……以祭上帝」，認為舞蹈可以調和陰陽，敬奉「上帝」，其功效與巫術相類似。

此外，周初編創的「六舞」（《雲門》、《咸池》、《大韶》、《大夏》、《大濩》、《大武》）和「六小舞」（《帗舞》、《羽舞》、《皇舞》、《旄舞》、《干舞》、《人舞》），也都曾被作為一種巫術儀式來表演。《周禮》中曾對「六舞」的功用做了如下記載和規定：

「乃奏黃鐘，歌大呂，舞《雲門》，以祀天神。乃奏大簇，歌應鐘，舞《咸池》，以祭地祇。乃奏姑洗，歌南呂，舞《大磬》（《大韶》），以祭四望。乃奏蕤賓，歌函鐘，舞《大夏》，以祭山川。乃奏夷則，歌小呂，舞《大濩》，以享先妣。乃奏無射，歌夾鐘，舞《大武》，以享先祖。」

「六舞」與十二律相應，同時也隱含著天地、陰陽合德的意思在內。其功能在於祭祀天地、山川和祖先。整個思想觀念與《周易》中所說的「作樂崇德，殷薦之上帝，以配祖考」是一致的。

從舞蹈的起源上看，巫術是一個重要的中間環節，或者說是促使舞蹈向藝術化方向發展的一個關鍵。

首先，巫術的思維方式與藝術的思維方式非常接近，二者都不是由抽象思維，而是由形象思維——想像來認識和把握對象的。巫術建立的哲學基礎是人（巫）與天地、山川、「神靈」、祖先等等的相通、一致，而它的思維方式則是「靈」的溝通即想像。在遠古時代，巫術被認為可以對外部事物及人的生產、生活發生實際的作用，而事實上它只不過是一種想像或幻想。我們在前面說過，《周易》的占筮也是一種巫術性質的活動，它所借以推測人事吉凶禍福的認識方法，是聯想和想像，其思維方式與其它類型巫術的思維方式是一致的，而且也是與藝術的思維方式相通的。

就舞蹈而言，巫術思維方式對舞蹈的最大影響是使它擺脫了簡單模擬的侷限。因為在原始時代，最古老的舞蹈多半只是對勞動或戰爭的簡單模仿，有些甚至只是勞動和戰爭的預演，帶有直接的實用功利目的，並且具有明顯的競技特點。而真正的舞蹈則是一種想像的創造，其動作是虛擬的，而並非任何實際的行為。

第二，巫術不僅充滿了想像或幻想的色彩，而且充滿了強烈的情感色彩。人類學家馬林諾夫斯基說：「在巫術和宗教兩種儀式中，人們都必須訴諸最有效和最有力的辦法，以造成強烈的情感經驗。」①這種強烈的情感經驗無疑對舞蹈產生了影響。因為舞蹈像音樂一樣，主要是一種表現藝術，它的所有身體動作都伴隨著強烈的情感經驗在內。

第三，巫術具有祭祀神靈，歌頌祖先的功業盛德的作用，同時也即賦予作為巫術儀式的舞蹈以敬神、崇德的宗教、倫理內容。在先秦儒家的思想中，神靈的觀念相對淡薄，而祖先以及「先王」、「聖人」則仍享有至高無上的地位。因此，舞蹈往往同歌頌祖先、「先王」、「聖人」的功德聯繫起來，並進而同表現社會的政治秩序及倫理道德觀念聯繫起來。在儒家的思想中，「藝」與「德」是不可分離的。在《周易》的思想中，「藝」（「樂」）與「德」也是緊密地結合在一起的。在中國古代的舞蹈中，其中固然有很多與「德」沒有直接關係的純娛

①馬林諾夫斯基：《文化論》，中國民間文學出版社，一九八七年版，第八七頁。

樂性的舞蹈，但凡是在正規場合表演、服務於嚴肅目的的舞蹈，都是以「德」的表現作為其思想內容的。譬如周代所編創的「人舞」，最初用於祭祀星辰或宗廟，後來也用於宮廷的典禮儀式，其表演即是以「崇德」為目的。

明代律學家朱載堉認為，《人舞》是「舞之本也。是故學舞先學人舞」，並且認為《人舞》有「八勢」，「一曰轉初勢，象惻隱之仁；二曰轉半勢，象羞惡之義；三曰轉周勢，象篤實之信；四曰轉過勢，象是非之智；五曰轉留勢，象辭讓之禮。……六曰睹伏勢，表尊敬於君；七曰仰瞻勢，表親愛於父；八曰回顧勢，表和順於夫」①。這種解釋固然有些牽強附會，但卻代表了古代儒家樂舞理論的一個基本看法②。

第四，巫術儀式的舉行往往有著嚴格的時間、地點、場合的限制，並且具有明確的目的和標準化的行為。馬林諾夫斯基說：「巫術的結構，巫術中每一個舉動都包含著標準化的行為，即儀式；標準化的語言，即咒語；及有一定的人物在適切的情境中舉行禮節」，「巫術儀式常在一定的時節舉行：黎明或黃昏，半夜或中午，月圓或月缺，春秋或夏冬」，「舉行巫術也有一定的地點」③。巫術的這種標準化的特點無疑有助於舞蹈動作的規範化和秩序化。

就中國古代的情況來看，祭祀或巫術活動通常是在郊外、並按照一定的時節和空間方位來進行的。因此，與之相融合的舞蹈一般說來也有著特定的時空規定。《周禮》中說：「《雲門》之舞，冬日至，於地上之圜丘奏之」，「《咸池》之舞，夏日至，於澤中之方丘奏之」，即謂《雲門》、《咸池》這兩種舞蹈分別在冬至和夏至兩個時節及圜丘（象徵天）和方丘（象徵地）這兩個地方表演，以達到祭祀天祇、地祇的目的。又據漢董仲舒《春秋繁露》載，漢代有一種專用於求雨的祭祀舞蹈——龍舞，這種舞蹈依不同的時間、不同的空間方位並由穿著不同的人、採用不同的道具（不同顏色的龍）來表演：

> 「以甲、乙日為大青龍一，長八丈，居中央；為小龍七，各長四丈，於東方，皆東鄉，其間相去八尺。小童八人，皆齋三日，……服青衣舞之……以丙、丁日為赤大龍一，長七丈，居中央；又為小龍六，

①轉引自王克芬：《中國舞蹈史·明清部分》，文化藝術出版社，一九八四年版，第一七一頁。

②朱載堉是一位易學家，所謂人舞「八勢」，很可能也是受到了《周易》八卦的啟發——引者注。

③馬林諾夫斯基：《文化論》，中國民間文學出版社，一九八七年版，第五六—六〇頁。

（各）長三丈五尺，於南方，皆南鄉，其間相去七尺，壯者七人，皆齋三日，服赤衣而舞之……以戊己日為大黃龍一，長五丈，居中央；又為小龍四，各長二丈五尺，於中央，皆南鄉，其間相去五尺，丈夫五人，皆齋三日，服黃衣而舞之……以庚、辛日為大白龍一，長九丈，居中央；為小龍八，各長四丈五尺，於西方，皆西鄉，其間相去九尺。鰥者九人，皆齋三日，服白衣而舞之……以壬、癸日為大黑龍一，長六丈，居中央；又為小龍五，各長三丈，於北方，皆北鄉，其間相去六尺，老者六人，皆齋三日，衣黑衣而舞之。」

這種舞蹈在形式上有著嚴格的規定，並且與易學中陰陽五行的觀念有著密切的關係。而舞蹈所表達的即是陰陽協調、四時暢達、萬物昌盛的意思。舞蹈的空間方位及龍和服飾的顏色象徵「五行」，舞蹈者的人數及龍的尺寸合於天地之數（「天一，地二。天三，地四。天五，地六。天七，地八。天九，地十」，「天數五，地數五」——見《系辭上傳》），象徵「陰陽」（或「天地」），而舞蹈的時序（甲、乙、丙、丁、戊、己、庚、辛、壬、癸日）及舞蹈者的年齡（小童、壯者、丈夫、鰥者、老者）則象徵時間的變化和自然生命的發展過程。這種舞蹈的功能在於祭祀天地四方，而其思想觀念則顯然與《易傳》的「與天地合其德，與日月合其明，與四時合其序，與鬼神合其凶」的看法有關。

在古代的祭祀舞中，有一種叫做「禹步」的舞蹈。西晉思想家、醫藥學家葛洪《抱朴子》中記載「凡天下作百術，皆宜知禹步」，「好道者眾，求者蜂起，……漢淮南王劉安，乃有王子年撰集之文，沙門惠中修纂之句，觸類長之，便成九十餘種。舉足不同，咒頌各異，詳而驗之，莫賢於先舉左右，三步九跡，遂成離坎卦」。這種「禹步」也是一種很古老的祭祀舞蹈，俗謂「踩八卦」，其舞蹈動作皆依八卦的形式和方位來進行。

舞蹈形象與舞蹈的形式美

舞蹈是一種以身體動作為媒介的表現藝術，「是一個由有形或無形的生命力組成的世界形象」①。「舞蹈者在狂熱的情緒中，把自己各種高超的技能：跳躍、

①蘇珊・朗格：《情感與形式》，中國社會科學出版社，一九八六年版，第二二〇頁。

旋轉、飛快踢踏凝聚成『身體造型』。這種『造型』又把時間結構連結起來」①，而且，「無論什麼樣的現實生活主題，都可以舞蹈，都是在一開始進入的時候就得以節奏化和形式化的。在這個有魔力的舞圈中，任何動作：舉起一個孩子或一個夢寐以求的東西，對鳥獸的摹仿，接吻，戰爭中的吶喊等，都要變成舞蹈動作和音調」②。從藝術分類的角度來看，舞蹈是一種時間藝術，但它卻同時包含著空間造型的因素，因此更準確地說，它是一種時空綜合藝術。

一、「舞象」或舞蹈形象

古代樂舞理論，有「舞象」的說法。《禮記・樂記》說：「樂者，象成者也。總干而山立，武王之事也。發揚蹈厲，大公之志也。《武》亂皆坐，周召公之治也。」「象」在這裡所指的是「舞象」，具體指的是《武》舞的形象——即「總干而山立」、「發揚蹈厲」、「亂皆坐」。

「總干而山立」指的是《武》舞的前奏，舞隊自北面而來，手拿武器（干），巍然屹立，以表示武王伐紂的決心。「發揚蹈厲」是指《武》舞的第二段，舞隊模擬兩軍對壘及武王的軍隊戰勝紂王的軍隊的激烈場面。「亂皆坐」，

「亂」是一種表現手法，是經由隊形的錯雜、節奏的加快以表示熱烈的氣氛。「亂皆坐」是指《武》的第五、六段，舞隊經過「亂」之後重新組成整齊的隊勢，坐在地上，以表示對武王的崇敬及武王治下四方臣服、國泰民安的太平景象。

從《禮記・樂記》的論述來看，舞蹈的形象是由各種動作組成的。這種動作是某些現實生活場景的模擬。因此，從舞蹈的起源上看，舞蹈之「象」的創造也像《周易》卦象的創造一樣，是觀察外物的結果。舞蹈形象乃是現實生活形象的反映。儘管舞蹈並不是一種典型的再現藝術，但其中卻包含著比音樂多得多的再現因素，而且總的看來，它的形象是來源於現實生活的。

原始時代的舞蹈多半是狩獵及戰爭的模擬。周初的「六舞」及「六小舞」雖超出了簡單的模擬，但其形象仍然是夏、商、周三代社會生活的再現。據《後漢書》載，漢代有一種祭祀舞，「舞者用童男十六人。舞者象教田：初為芟除，次

①蘇珊・朗格：《情感與形式》，中國社會科學出版社，一九八六年版，第二三二頁。

②蘇珊・朗格：《情感與形式》，中國社會科學出版社，一九八六年版，第二三一頁。

耕種、蕓耨、驅爵（雀）及獲刈、舂簸之形，明其功也。」①

這種舞蹈在古代是用來祭祀農業之神後稷的，也叫做「靈星舞」（供奉後稷的祠堂叫做「靈星祠」）。據明朱載堉《靈星隊賦》載：

「靈星雅樂，漢朝製作，舞象教田，耕種收穫，擊土鼓，吹葦籥，……歌聲有節，舞容有譜，童男十六，兩兩相對舞。手執各執事，從頭次第數：

第一對教芟除，手執鐮舞。

第二對教開墾，手執钁舞。

第三對教栽種，手執鍬舞。

第四對教耘耨，手執鋤舞。

第五對教驅爵（雀），手執竿舞。

第六對教收穫，手執杈舞。

第七對教舂柫，手執連耞舞。

第八對教簸揚，手執木掀舞。

教田既畢，農事已成，謳歌舞蹈，答謝神明。」②

這種靈星舞是「兩兩相對」，一對接一對出現的隊舞（從單獨的一段看，即為雙人舞），整個表演是對農耕生活（從除草、開墾到收穫、加工）的再現。但是，舞蹈的這種再現方式是非常簡略的，即它並不是對現實生活的簡單模仿或復現，而且事實上也不可能把現實生活的每一個細節完全照搬到舞蹈中來。因此，舞蹈之「象」乃是一種高度概括的藝術形象。其思想基礎與《周易》的觀物取象觀念是一致的。

其次，舞蹈之「象」是一種處在不斷變化之中的動力形象或生命形象。舞蹈必須經由具體可感的動作造型來表現，但它的「造型」與書法、繪畫、雕塑、建築、工藝等藝術的造型不同，即它的「造型」是活的、動的。《禮記・樂記》中說：「舞，動其容也。」動是舞蹈造型的感性特徵。而有動必有力的表現，必有

①《後漢書・志第九・祭祀下》。

②轉引自：王克芬：《中國舞蹈史・明清部分》，第一六七頁。

剛柔、進退、低昂、抑揚、收放等等不同的變化。

在中國古代，舞有武舞、文舞的區分，武舞是執兵器而舞，如干舞、戚舞、劍舞等。這種舞蹈動作激昂，剛健有力，所表現的是一種陽剛之美。文舞是執羽毛、絲織品及樂器等道具而舞，如羽舞、皇舞、袖舞等。這種舞蹈動作優雅，婉轉柔和，所表現的是一種陰柔之美。但無論武舞還是文舞，都必須表現出一定的力量。如長袖翻飛、裙帶飄揚的袖舞，即是一種非常典型的「文舞」，但其動作卻又不是軟綿綿的，而是生動有力的。

第三，舞蹈之「象」與「意」相聯。《禮記‧樂記》說：「其治民勞者，其舞行綴遠；其治民逸者，其舞行綴短。故觀其舞知其德。」「德」在這裡即是「舞象」所要表達的一種「意」。東漢科學家、文學家張衡《西京賦》中載漢代《曼延舞》，謂其「雲起雪飛，初若飄飄，後遂霏霏。復陸重閣，轉石成雷，礔礪激而增響，磅礚象乎天威」，「天威」即是該舞蹈所「象」之「意」。又東漢文學家傅毅《舞賦》中所載《盤鼓舞》，謂其「若俯若仰，若來若往，雍容惆悵」，「明詩表指，……志若秋霜」，也是說舞之「象」可以表「意」（情感和志向）。從這個意義上說，舞蹈的形象實即是「意」的一種象徵。

第四，舞蹈之「象」是高度形式化的，即朱載堉所謂「歌聲有節，舞容有譜」。舞蹈之所以不能看作是現實生活的簡單模仿，其原因不僅在於舞蹈形象所揭示的是事物的生命，並且充分表現了主體的精神，而且在於舞蹈形象是一種高度形式化、節奏化、規範化的動作造型。古代舞譜中所載的那些舞蹈動作，如垂手、拂袖、抱肘、捧心、盤轉、踢、刺、閃、纏、提、促、前、拋、奔等等，並不是現實生活中各種身體動作的簡單模仿。而且在舞蹈中，這些動作的組織是按照一定的形式美法則來進行或加以控制的。

二、舞蹈的形式美

西晉文學家傅玄所作鞞舞歌詞中說：「清歌發唱，形為主。聲和八音，協律呂。身不虛動，手不徒舉。應節合度，周其敘時。……樂以移風，與德禮相輔，安有失其所。」①所謂「身不虛動，手不徒舉。應節合度，周其敘時」，這既是舞蹈的形式美要求，同時也是舞蹈與日常生活行為及體育、競技等等的區別所在。

①轉引自彭松：《中國舞蹈史・秦漢魏晉南北朝部分》，文化藝術出版社，一九八四年版，第一一三頁。

然而，舞蹈動作千變萬化，如何才能做到「身不虛動，手不徒舉」呢？一個根本的要求就在於把不同的動作有機地結合起來，協調起來，使其互相依存，相輔相成。從形式美的法則上來看，把不同的動作有機地結合起來、協調起來，同時也就意味著對舞蹈動作的速度、方向和力度等等加以有效的控制，使它們組成一個統一的整體，並符合平衡對稱、節奏韻律、多樣統一的審美要求。

具體來看，構成舞蹈藝術形象的身體動作在速度、方向和力度等方面有著不同的性質，這些性質通常表現為斷續、低昂、抑揚、俯仰、屈伸、動靜、剛柔、住行、往來、順逆、起伏、分合、輕重、緩急等兩個相反的方面。因此，舞蹈動作的協調，也就意味著把這兩個相反的方面有機地結合起來，並經由這樣的結合，達到動作的平衡、和諧，在翩翩起舞的時間流程和斷續、低昂、抑揚等對立面的相互轉化中表現出與音樂相配合的生命節奏。

漢張衡《南都賦》中在談到會樂舞時說：「翩綿綿其若絕，眩將墜而復舉」。所謂「綿綿若絕」、「將墜復舉」，正是《周易》中所說「剛柔相推而生變化」在舞蹈中的一種形象生動的表現。又如晉代流傳的白紵舞歌詩中說：「輕軀徐起何洋洋，高舉兩手白鵠翔。宛若龍轉乍低昂，凝停善睞容儀光。若推若引留且行，隨世而變誠無方。」詩中不僅描繪了白紵舞優美的姿態，而且充分體現了將各種對立的動作有機地結合起來的舞蹈原則。再如東漢傅毅《舞賦》對《七盤舞》的描寫，其中對上述原則進行了更為清楚的展示：

「於是躡節鼓陳，舒意自廣。游心無垠，遠思長想。其始興也，若俯若仰，若來若往，雍容惆悵，不可為象。其少進也，若翔若行，若竦若傾，兀動赴度，指顧應聲。羅衣從風，長袖交橫，駱驛飛散，颯擖合併。鶣鶚燕居，拉揩鵠驚，綽約閑靡，機迅體輕。……在山峨峨，在水湯湯，與志遷化，容不虛生。……氣若浮雲，志若冰霜。觀者增嘆，諸工莫當。」

這段形象的描述，可以說是對中國古代舞蹈藝術創作原則的一個簡要的總結。其中雖沒有分析、議論，但道理卻是很清楚的，那即是：美的舞蹈形象必須是各種對立要素的有機統一和交替變化。

此外，除了上引的這些文字資料之外，從古代留下來的一些圖像資料，也可以看到上述原則的具體表現。如戰國銅鏡上所刻畫的一個女子舞蹈形象（見附圖六），其動作姿態，正與上引白紵舞歌詩中所謂「宛若龍轉乍低昂」、「若推若引留且行」及傅毅《舞賦》中所謂「若俯若仰」、「若來若往」、「若翔若行」相仿佛。

古代舞蹈中所體現的這種將各種對立要素有機地統一起來，以求得動作的平衡、和諧以及整個舞蹈動作有節奏的變化的原則，從根本上來說，是同《周易》的思想有關的，即同「一陰一陽之謂道」、「剛柔相推而生變化」、「無往不復，天際也」這一類觀念相關的。而所謂舞蹈的形式美，本質上也就是《周易》所揭示的、表現於整個宇宙萬事萬物運動、生長、變化之中的「大和」之美。

後記

本書以拙著《周易美學》為基礎，同范明華先生一起討論了全書提綱及編寫的基本設想、要求，然後由范明華先生在搜集、占有大量資料的基礎上，執筆寫出了初稿，對易學美學原理及其應用作了他自己的獨立的分析、發揮、論證、敘述。初稿完成後，我提出了一些修改意見，他又教研室工作任務十分繁忙的情況下改出了二稿。然後我仔細通讀了二稿，個別地方作了一些修改。

但由於易學美學原理的應用涉及許多複雜問題，囊括各個文藝部門，我們水平有限，疏漏、不當甚至荒謬之處在所難免，尚祈大家不吝賜教，以便將來有重版的可能時再加以修訂、補充、完善。

劉綱紀

大展出版社有限公司
品冠文化出版社

地址：台北市北投區(石牌)
致遠一路二段12巷1號
郵撥：0166955～1

電話：(02)28236031
28236033
傳真：(02)28272069

圖書目錄

·生活廣場·品冠編號61

1.	366天誕生星	李芳黛譯	280元
2.	366天誕生花與誕生石	李芳黛譯	280元
3.	科學命相	淺野八郎著	220元
4.	已知的他界科學	陳蒼杰譯	220元
5.	開拓未來的他界科學	陳蒼杰譯	220元
6.	世紀末變態心理犯罪檔案	沈永嘉譯	240元
7.	366天開運年鑑	林廷宇編著	230元
8.	色彩學與你	野村順一著	230元
9.	科學手相	淺野八郎著	230元
10.	你也能成為戀愛高手	柯富陽編著	220元
11.	血型與十二星座	許淑瑛編著	230元
12.	動物測驗—人性現形	淺野八郎著	200元
13.	愛情、幸福完全自測	淺野八郎著	200元
14.	輕鬆攻佔女性	趙奕世編著	230元
15.	解讀命運密碼	郭宗德著	200元

·女醫師系列·品冠編號62

1.	子宮內膜症	國府田清子著	200元
2.	子宮肌瘤	黑島淳子著	200元
3.	上班女性的壓力症候群	池下育子著	200元
4.	漏尿、尿失禁	中田真木著	200元
5.	高齡生產	大鷹美子著	200元
6.	子宮癌	上坊敏子著	200元
7.	避孕	早乙女智子著	200元
8.	不孕症	中村春根著	200元
9.	生理痛與生理不順	堀口雅子著	200元
10.	更年期	野末悅子著	200元

·傳統民俗療法·品冠編號63

1.	神奇刀療法	潘文雄著	200元

2. 神奇拍打療法　安在峰著　200 元
3. 神奇拔罐療法　安在峰著　200 元
4. 神奇艾灸療法　安在峰著　200 元
5. 神奇貼敷療法　安在峰著　200 元
6. 神奇薰洗療法　安在峰著　200 元
7. 神奇耳穴療法　安在峰著　200 元
8. 神奇指針療法　安在峰著　200 元
9. 神奇藥酒療法　安在峰著　200 元
10. 神奇藥茶療法　安在峰著　200 元

・彩色圖解保健・品冠編號 64

1. 瘦身　主婦之友社　300 元
2. 腰痛　主婦之友社　300 元
3. 肩膀痠痛　主婦之友社　300 元
4. 腰、膝、腳的疼痛　主婦之友社　300 元
5. 壓力、精神疲勞　主婦之友社　300 元
6. 眼睛疲勞、視力減退　主婦之友社　300 元

・心 想 事 成・品冠編號 65

1. 魔法愛情點心　結城莫拉著　120 元
2. 可愛手工飾品　結城莫拉著　120 元
3. 可愛打扮&髮型　結城莫拉著　120 元
4. 撲克牌算命　結城莫拉著　120 元

・法律專欄連載・大展編號 58

台大法學院　法律學系／策劃
法律服務社／編著

1. 別讓您的權利睡著了(1)　200 元
2. 別讓您的權利睡著了(2)　200 元

・武 術 特 輯・大展編號 10

1. 陳式太極拳入門　馮志強編著　180 元
2. 武式太極拳　郝少如編著　200 元
3. 練功十八法入門　蕭京凌編著　120 元
4. 教門長拳　蕭京凌編著　150 元
5. 跆拳道　蕭京凌編譯　180 元
6. 正傳合氣道　程曉鈴譯　200 元
7. 圖解雙節棍　陳銘遠著　150 元
8. 格鬥空手道　鄭旭旭編著　200 元

9. 實用跆拳道　陳國榮編著　200 元
10. 武術初學指南　李文英、解守德編著　250 元
11. 泰國拳　陳國榮著　180 元
12. 中國式摔跤　黃　斌編著　180 元
13. 太極劍入門　李德印編著　180 元
14. 太極拳運動　運動司編　250 元
15. 太極拳譜　清・王宗岳等著　280 元
16. 散手初學　冷　峰編著　200 元
17. 南拳　朱瑞琪編著　180 元
18. 吳式太極劍　王培生著　200 元
19. 太極拳健身與技擊　王培生著　250 元
20. 秘傳武當八卦掌　狄兆龍著　250 元
21. 太極拳論譚　沈　壽著　250 元
22. 陳式太極拳技擊法　馬　虹著　250 元
23. 二十四式/三十二式 太極 拳/劍　闞桂香著　180 元
24. 楊式秘傳 129 式太極長拳　張楚全著　280 元
25. 楊式太極拳架詳解　林炳堯著　280 元
26. 華佗五禽劍　劉時榮著　180 元
27. 太極拳基礎講座：基本功與簡化 24 式　李德印著　250 元
28. 武式太極拳精華　薛乃印著　200 元
29. 陳式太極拳拳理闡微　馬　虹著　350 元
30. 陳式太極拳體用全書　馬　虹著　400 元
31. 張三豐太極拳　陳占奎著　200 元
32. 中國太極推手　張　山主編　300 元
33. 48 式太極拳入門　門惠豐編著　220 元
34. 太極拳奇人奇功　嚴翰秀編著　250 元
35. 心意門秘籍　李新民編著　220 元
36. 三才門乾坤戊己功　王培生編著　220 元
37. 武式太極劍精華 +VCD　薛乃印編著　350 元
38. 楊式太極拳　傅鐘文演述　200 元
39. 陳式太極拳、劍 36 式　闞桂香編著　250 元

・原地太極拳系列・大展編號 11

1. 原地綜合太極拳 24 式　胡啟賢創編　220 元
2. 原地活步太極拳 42 式　胡啟賢創編　200 元
3. 原地簡化太極拳 24 式　胡啟賢創編　200 元
4. 原地太極拳 12 式　胡啟賢創編　200 元

・名師出高徒・大展編號 111

1. 武術基本功與基本動作　劉玉萍編著　200 元
2. 長拳入門與精進　吳彬　等著　220 元

3. 劍術刀術入門與精進　楊柏龍等著　元
4. 棍術、槍術入門與精進　邱丕相編著　元
5. 南拳入門與精進　朱瑞琪編著　元
6. 散手入門與精進　張　山等著　元
7. 太極拳入門與精進　李德印編著　元
8. 太極推手入門與精進　田金龍編著　元

・道學文化・大展編號 12

1. 道在養生：道教長壽術　郝　勤等著　250 元
2. 龍虎丹道：道教內丹術　郝　勤著　300 元
3. 天上人間：道教神仙譜系　黃德海著　250 元
4. 步罡踏斗：道教祭禮儀典　張澤洪著　250 元
5. 道醫窺秘：道教醫學康復術　王慶餘等著　250 元
6. 勸善成仙：道教生命倫理　李　剛著　250 元
7. 洞天福地：道教宮觀勝境　沙銘壽著　250 元
8. 青詞碧簫：道教文學藝術　楊光文等著　250 元
9. 沈博絕麗：道教格言精粹　朱耕發等著　250 元

・易學智慧・大展編號 122

1. 易學與管理　余敦康主編　250 元
2. 易學與養生　劉長林等著　300 元
3. 易學與美學　劉綱紀等著　300 元
4. 易學與科技　董光壁　著　元
5. 易學與建築　韓增祿　著　元
6. 易學源流　鄭萬耕　著　元
7. 易學的思維　傅雲龍等著　元
8. 周易與易圖　李　申　著　元

・神算大師・大展編號 123

1. 劉伯溫神算兵法　應　涵編著　280 元
2. 姜太公神算兵法　應　涵編著　元
3. 鬼谷子神算兵法　應　涵編著　元
4. 諸葛亮神算兵法　應　涵編著　元

・秘傳占卜系列・大展編號 14

1. 手相術　淺野八郎著　180 元
2. 人相術　淺野八郎著　180 元
3. 西洋占星術　淺野八郎著　180 元
4. 中國神奇占卜　淺野八郎著　150 元

5. 夢判斷 淺野八郎著 150元
6. 前世、來世占卜 淺野八郎著 150元
7. 法國式血型學 淺野八郎著 150元
8. 靈感、符咒學 淺野八郎著 150元
9. 紙牌占卜術 淺野八郎著 150元
10. ESP超能力占卜 淺野八郎著 150元
11. 猶太數的秘術 淺野八郎著 150元
12. 新心理測驗 淺野八郎著 160元
13. 塔羅牌預言秘法 淺野八郎著 200元

・趣味心理講座・大展編號15

1. 性格測驗① 探索男與女 淺野八郎著 140元
2. 性格測驗② 透視人心奧秘 淺野八郎著 140元
3. 性格測驗③ 發現陌生的自己 淺野八郎著 140元
4. 性格測驗④ 發現你的真面目 淺野八郎著 140元
5. 性格測驗⑤ 讓你們吃驚 淺野八郎著 140元
6. 性格測驗⑥ 洞穿心理盲點 淺野八郎著 140元
7. 性格測驗⑦ 探索對方心理 淺野八郎著 140元
8. 性格測驗⑧ 由吃認識自己 淺野八郎著 160元
9. 性格測驗⑨ 戀愛知多少 淺野八郎著 160元
10. 性格測驗⑩ 由裝扮瞭解人心 淺野八郎著 160元
11. 性格測驗⑪ 敲開內心玄機 淺野八郎著 140元
12. 性格測驗⑫ 透視你的未來 淺野八郎著 160元
13. 血型與你的一生 淺野八郎著 160元
14. 趣味推理遊戲 淺野八郎著 160元
15. 行為語言解析 淺野八郎著 160元

・婦幼天地・大展編號16

1. 八萬人減肥成果 黃靜香譯 180元
2. 三分鐘減肥體操 楊鴻儒譯 150元
3. 窈窕淑女美髮秘訣 柯素娥譯 130元
4. 使妳更迷人 成　玉譯 130元
5. 女性的更年期 官舒妍編譯 160元
6. 胎內育兒法 李玉瓊編譯 150元
7. 早產兒袋鼠式護理 唐岱蘭譯 200元
8. 初次懷孕與生產 婦幼天地編譯組 180元
9. 初次育兒12個月 婦幼天地編譯組 180元
10. 斷乳食與幼兒食 婦幼天地編譯組 180元
11. 培養幼兒能力與性向 婦幼天地編譯組 180元
12. 培養幼兒創造力的玩具與遊戲 婦幼天地編譯組 180元
13. 幼兒的症狀與疾病 婦幼天地編譯組 180元

14. 腿部苗條健美法　婦幼天地編譯組　180 元
15. 女性腰痛別忽視　婦幼天地編譯組　150 元
16. 舒展身心體操術　李玉瓊編譯　130 元
17. 三分鐘臉部體操　趙薇妮著　160 元
18. 生動的笑容表情術　趙薇妮著　160 元
19. 心曠神怡減肥法　川津祐介著　130 元
20. 內衣使妳更美麗　陳玄茹譯　130 元
21. 瑜伽美姿美容　黃靜香編著　180 元
22. 高雅女性裝扮學　陳珮玲譯　180 元
23. 蠶糞肌膚美顏法　坂梨秀子著　160 元
24. 認識妳的身體　李玉瓊譯　160 元
25. 產後恢復苗條體態　居理安・芙萊喬著　200 元
26. 正確護髮美容法　山崎伊久江著　180 元
27. 安琪拉美姿養生學　安琪拉蘭斯博瑞著　180 元
28. 女體性醫學剖析　增田豐著　220 元
29. 懷孕與生產剖析　岡部綾子著　180 元
30. 斷奶後的健康育兒　東城百合子著　220 元
31. 引出孩子幹勁的責罵藝術　多湖輝著　170 元
32. 培養孩子獨立的藝術　多湖輝著　170 元
33. 子宮肌瘤與卵巢囊腫　陳秀琳編著　180 元
34. 下半身減肥法　納他夏・史達賓著　180 元
35. 女性自然美容法　吳雅菁編著　180 元
36. 再也不發胖　池園悅太郎著　170 元
37. 生男生女控制術　中垣勝裕著　220 元
38. 使妳的肌膚更亮麗　楊　皓編著　170 元
39. 臉部輪廓變美　芝崎義夫著　180 元
40. 斑點、皺紋自己治療　高須克彌著　180 元
41. 面皰自己治療　伊藤雄康著　180 元
42. 隨心所欲瘦身冥想法　原久子著　180 元
43. 胎兒革命　鈴木丈織著　180 元
44. NS 磁氣平衡法塑造窈窕奇蹟　古屋和江著　180 元
45. 享瘦從腳開始　山田陽子著　180 元
46. 小改變瘦 4 公斤　宮本裕子著　180 元
47. 軟管減肥瘦身　高橋輝男著　180 元
48. 海藻精神秘美容法　劉名揚編著　180 元
49. 肌膚保養與脫毛　鈴木真理著　180 元
50. 10 天減肥 3 公斤　彤雲編輯組　180 元
51. 穿出自己的品味　西村玲子著　280 元
52. 小孩髮型設計　李芳黛譯　250 元

・青春天地・大展編號 17

1. A 血型與星座　柯素娥編譯　160 元
2. B 血型與星座　柯素娥編譯　160 元

國家圖書館出版品預行編目資料

易學與美學／劉綱紀，范明華著
——初版，——臺北市，大展，2001〔民 90〕
面；21 公分，——（易學智慧；3）
ISBN 957-468-095-9（平裝）
1.易經—研究與考訂 2.美學
180 90013136

易學與美學

ISBN 957-468-095-9

編 著 者／劉綱紀・范明華
責任編輯／信 群・薛勁松
負 責 人／蔡 森 明
出 版 者／大展出版社有限公司
社 址／台北市北投區（石牌）致遠一路 2 段 12 巷 1 號
電 話／（02）28236031・28236033・28233123
傳 眞／（02）28272069
郵政劃撥／01669551
E－mail ／dah-jaan @ms 9.tisnet.net.tw
登 記 證／局版臺業字第 2171 號
承 印 者／國順文具印刷行
裝 訂／嶸興裝訂有限公司
排 版 者／弘益電腦排版有限公司
初版 1 刷／2001 年（民 90 年）10月

定 價／300 元

大展好書 好書大展